名人传

汉武帝

开疆辟土

林佩欣 著　　赵智成 绘

人民文学出版社

PEOPLE'S LITERATURE PUBLISHING HOUSE

著作权合同登记号　图字 01－2023－2591

© 三民书局股份有限公司
本著作中文简体字版由三民书局股份有限公司授权上海九久读书人文化实业有限公司
与人民文学出版社在中国大陆(台湾、香港、澳门地区除外)独家出版。

图书在版编目(CIP)数据

汉武帝：开疆辟土/林佩欣著；赵智成绘. —北
京：人民文学出版社，2017(2024.11 重印)
(名人传)
ISBN 978-7-02-014284-2

Ⅰ.①汉… Ⅱ.①林… ②赵… Ⅲ.①汉武帝(前
156—前 87)-传记 Ⅳ.①K827＝341

中国版本图书馆 CIP 数据核字(2018)第 103905 号

责任编辑　朱卫净　吕昱雯
装帧设计　汪佳诗

出版发行　人民文学出版社
社　　址　北京市朝内大街 166 号
邮政编码　100705

印　　刷　山东新华印务有限公司
经　　销　全国新华书店等

字　　数　52 千字
开　　本　890 毫米×1240 毫米　1/32
印　　张　4
版　　次　2018 年 8 月北京第 1 版
印　　次　2024 年 11 月第 3 次印刷

书　　号　978-7-02-014284-2
定　　价　35.00 元

如有印装质量问题,请与本社图书销售中心调换。电话:010－65233595

序

　　不论世界如何演变，科技如何发达，但凡养成了阅读习惯，这将是一生中享用不尽的财富。

　　三民书局的刘振强董事长，想必也是一位深信读书是人生最大财富的人，在读书人数往下滑落的多元化时代，他仍然坚信读书的重要性。刘董事长也时常感念，在他困苦贫穷的青少年时期，是书使他坚强向上；在社会普遍困苦、生活简陋的年代，也是书成了他最好的良伴。他希望在他的有生之年，分享这份资产，让其他读者可以充分使用。

　　"名人传"系列规划出版有关文学、艺术、人文、政治与科学等各行各业有贡献的人物故事，邀请各领域专业的学者、作家同心协力编写，费时多年，分梯次出版。在越来越多元化的世界中，每个人都有各自的才华与潜力，每个朝代也都有其可歌可泣的故事，但是在故事背后所具有的一个共同点，就是每个传记主人公在困苦中不屈不挠的经历，这些经历经由各位作者用心查阅有关资料，再三推敲求证，再以文学之笔，写出了有趣而感人的故事。

西谚有云：世界因有各式各样不同的人，才更加多彩多姿。这套书就是以"人"的故事为主旨，不刻意美化主人公，以他们的生活经历为主轴，深入描写他们成长的环境、家庭教育与童年生活，深入探索是什么因素造成了他们的与众不同，是什么力量驱动了他们锲而不舍地前行。以日常生活中的小故事来描写出这些人为什么能使梦想成真，尤其在阅读这些作品时，能于心领神会中得到灵感。

和一般从外文翻译出来的伟人传记所不同的是，此套书的特色是由熟悉文学的作者用心收集资料，将知识融入有趣的故事，并以文学之笔，深入浅出写出适合大多数人阅读的人物传记。在探讨每位人物的内在心理因素之余，也希望读者从阅读中激励出个人内在的潜力和梦想。我相信每个人都会发呆做梦，当你发呆和做梦的同时，书是你最私密的好友。在阅读中，没有批判和讥讽，却可随书中的主人公海阔天空一起遨游，或狂想或计划，而成为心灵

知交。不仅留下从阅读中得到的神交良伴（一个回忆），如果能家人共读，读后一起讨论，绵绵相传，留下共同回忆，何尝不是一派幸福的场景！

　　谨以此套"名人传"丛书送给所有爱读书的人。你们都是世界上最幸福的人，因为一直有书为伴，与爱同行。

目　录

名人传

汉武帝

公元前156—公元前87

1. 幸运的天子

公元前156年的某一天，汉景帝第九个儿子出生了。婴儿的母亲王氏，是扶风郡槐里人。她的来头可不小呢，婴儿的外婆是燕王臧荼的孙女，她嫁给平民王仲为妻，生下一男二女，长女就是王氏。王氏后来被送进宫，服侍当时还是太子的景帝。传说有一天景帝在睡觉的时候，梦到一头红色的猪从云端上下来，景帝醒来之后，居然看到一条红色的龙在柱子旁相当神气地摇头摆尾，让景帝大吃一惊。

而且不只他，连宫中的宫女都看到了，看到一条红色的龙可是一件不得了的事情啊！不知道是什么征兆，景帝连忙找来精通命理的大师前来占卜一番，只见大师仔细地端详之后不停点头，就是不说一句话。

"到底是怎么回事呢？"心急的景帝忍不住开口了。

大师这才微笑告诉景帝说："这可是吉祥的象征啊！

这个宫殿以后一定会有不平凡的人出生。"

景帝听了之后相当开心，当时王氏已经怀有身孕，过不久就要生产了，景帝连忙要王氏搬到这个宫殿居住，希望她能生下一个不平凡的皇子。

据说过了几天之后，王氏做了一个梦，梦中她将太阳吞下肚子，没多久小婴儿就呱呱坠地了。

小婴儿刚出生的时候，景帝想到他曾经梦到的红猪，本来想把小娃娃取名叫作"彘"，彘是什么意思呢？就是猪！可是景帝后来又觉得把孩子取名为猪似乎不太好听，那么究竟该取什么名字好呢？景帝想了又想，终于想到一个好点子。

汉朝初年实行道家的无为而治，从皇室到百官大家都喜欢读《老子》和《庄子》这些道家的经典，景帝也熟读道家经典，知道《庄子》这本书里面，有"目彻为明、耳彻为聪、鼻彻为颤①、口彻为甘、心彻为知、知彻为德"这样的句子。这句话的意思是说，人的眼睛通彻叫作明，

---

① 颤：有学者认为这个字读音为"馨"，指香味远闻。

耳朵通彻叫作聪，鼻子通彻叫作颤，嘴巴通彻叫作甘，心灵通彻叫作智，智慧通彻叫作德。一个人只要做到了彻，就是达到成为圣贤的要求。况且彻跟彘的发音接近，因此景帝决定将小婴儿的名字由刘彘改为刘彻。

景帝总共有十四个儿子，刘彻排行第九，由于景帝的正室薄皇后并没有生下儿子，公元前 153 年，景帝即位第四年，也就是刘彻三岁的时候，景帝立他的大儿子刘荣为太子，刘荣是景帝的侧室栗姬的儿子，在这一波的分封中，小刘彻被封为胶东王。

小刘彻被封为胶东王，如果没有什么变故的话，长大之后也不过是地方上一个诸侯而已，是不可能成为天子的，更不会有汉武帝的存在。可是世间的事情就是这么奇妙，幸运之神眷顾了他，一个让小刘彻成为天子的奇迹居然发生了。

景帝有个姐姐叫作馆陶公主，是文帝和窦皇后所生，后来嫁给堂邑侯陈午，生了一个女儿叫阿娇，阿娇算是刘彻的表妹。野心勃勃的馆陶公主想让她的宝贝女儿阿娇成为太子妃，她知道大皇子刘荣是太子，以后会成为皇帝，所以她积极地想要促成阿娇跟刘荣的亲事。她心里想，如果阿娇长大之后顺利成为皇后，自己也可以继续过着荣华富贵的生活。

可是，刘荣的母亲栗姬一听到馆陶公主提起这门亲事，当场就毫不客气地拒绝了，因为栗姬怨恨馆陶公主老是送美女给景帝，让景帝冷落了她，栗姬对馆陶公主早就怀恨在心了！

馆陶公主被栗姬拒绝，让她觉得很没面子，她相当生气，想着总有一天一定要给栗姬好看！

有一天，小刘彻去馆陶公主家里玩，馆陶公主将小刘彻抱在膝上逗着他玩，开玩笑地问他说："小宝宝，你要不要找个新娘呢？"她指着身边众多宫女，问小刘彻说："你喜欢哪一个？"

只见小刘彻摇摇头说："我才不要呢。"

馆陶公主顺手指着女儿阿娇问说："那阿娇好不好？漂亮吗？"

小刘彻听到之后可开心了。小阿娇跟小刘彻两人是青梅竹马的玩伴，小刘彻本来就很喜欢她，一听到姑妈

要把小阿娇嫁给自己，就很高兴地笑说："阿娇漂亮啊！要是阿娇当我的新娘，我要用金子造宫殿给她住，也会非常非常爱护她！"小刘彻年纪虽小，可是非常会讨大人欢心。

一听到小刘彻的话，身为母亲的馆陶公主笑得合不拢嘴，后来干脆把目标转到刘彻身上。在馆陶公主的撮合下，刘彻的母亲王氏也答应了这门亲事。

为了让阿娇以后能顺利当上皇后，在馆陶公主的计谋下，栗姬与皇太子刘荣终于失宠了。

薄皇后因为没有生下儿子，没多久就被景帝废掉了，栗姬原本是新任皇后的热门人选，可是馆陶公主却经常在景帝面前说她的坏话，让景帝对她越来越没有好感。

有一天，一个负责外国使节事务的官员，向景帝报告完国家大事之后，居然附带了一句说："俗话说母凭子贵，请陛下尽快立太子的母亲栗姬为后吧！"

没想到这句话产生了反效果，景帝听了之后老大不高兴，冷冷地说："这种事是你能多嘴的吗？"

生气的景帝下令处死这个多管闲事的大臣，又将刘荣贬成临江王，让他从皇太子降为诸侯王，景帝对栗姬也失去了新鲜感，再也不将注意力放在她身上。栗姬见不到景帝，不久之后就含恨死了。

在馆陶公主详密的计划之下，小刘彻终于被景帝立为太子，母亲王氏也被立为皇后，馆陶公主的计策终于成功了。小刘彻跟这场皇宫斗争一点关系都没有，竟然就这样成为皇太子，真是一件无比幸运的事情。他也履行了之前的承诺，立馆陶公主的女儿阿娇为太子妃。

小刘彻原本就相当喜欢读书，成为太子之后，景帝更是注重他的教育，给小刘彻选了一个品貌端正、表现也很杰出的学者卫绾当老师。在卫绾的指导下，小刘彻读了很多经典，他的记忆力很强，读过的书都不会忘记。

有一天，景帝把小刘彻抱在桌子前，要他说说看喜欢读什么样的书。景帝是在考他呢！只见小刘彻不慌不忙地把他前天才刚背熟的经典一字不漏地朗诵出来，让景帝又惊又喜。

小家伙很认真嘛！景帝欣慰地想着。小刘彻念的都是什么书呢？他念的都是自古以来圣贤说过的话，以及如何治国的经典，这些都是身为天子必须知道的知识。刘彻小小年纪就知道自己以后责任重大，认为这些书是必要的知识，看得出来他对自己的要求和期许。

小刘彻求知欲相当旺盛，卫绾老师已不能满足他的需求，于是在完成老师规定的作业之后，他常常跑去一经博士那边学他想学的东西。一经博士就是通一部经书的博士，比如有《诗经》博士、《书经》博士、《春秋》博士等，这些都是儒家的经典。

有一天，刘彻听到一位博士在背诵一篇文章，他被那篇文章的内容吸引了，连忙跑去问那位博士这是谁的作品，博士回答他说："这是贾太傅的作品。"贾太傅就是贾谊，他是个大才子，可是后来被汉文帝疏远，政途失意，三十三岁就去世了。

刘彻早就听说过文帝跟贾谊的事情，对年轻有为的贾谊相当钦佩，对他祖父文帝的做法也不太满意，只是他还没有读过贾谊的文章。从那天起，刘彻在博士的帮助下，很快地读完贾谊的文章，他觉得贾谊的文章每一句都打动了他的心，并且很希望有像贾谊这样的人来辅佐他当皇帝！

刘彻还简单地评论了一下他的老师卫绾和贾谊的区别，他觉得卫绾老师的诗书空谈仁义教化，不太实际；而贾谊的主张好像是为他当皇帝做准备似的，相当实用，在他的心里已经有治国的蓝图了。

刘彻不仅爱读书，也很懂得学以致用。有一天，有个官员向景帝报告一个杀人案件，请求景帝裁示。原来是有一个叫作防年的少年杀了他的继母陈氏，原因是陈氏杀了他的亲生父亲，防年杀了她帮父亲报仇，官员依照当时杀害母亲的刑责判防年重罪，也就是大逆罪。

景帝听了判决之后，皱了皱眉头，对这个判决感到疑问，但是他没有马上说出来，而是问了刘彻的意见，顺便也想试探一下刘彻的能力。

只见刘彻思考了一下，很快地回答父亲说："平常人们都说继母就像亲生母亲，我们要孝顺她跟孝顺亲生母亲一样，这就表示继母跟亲生母亲还是不同的，只是因为父亲喜爱她，把她娶来当妻子，做儿子的才称她为母亲。可是现在防年的继母杀死她的丈夫，在继母下手杀父亲的时

候，母子之间的情义就断绝了，两人之间就不存在母子关系了。所以我认为，应该以一般的杀人案来判罪，不应该判他大逆罪才对。"

不论是古代或是现代，杀害父母可不是一般的罪，那是大逆不道的重罪，必须加重处分。防年为了帮父亲报仇才杀掉继母，如果因此而判大逆罪的话，就太可怜了。

刘彻有条有理地分析这个案件，说得既有人情味又有伦理性，且能兼顾理性和法律知识，关于判罪的性质也划分得很清楚。虽然他只是小小年纪，却拥有敏捷的思考能力及判断能力，让景帝听了之后也赞赏有加，相当佩服刘彻的分析。后来景帝就按照刘彻的意见，判防年一般杀人罪。

后元三年（公元前141年），景帝驾崩了，同一天刘彻即天子位，也就是后来的汉武帝，雄才大略的天子正式登上历史的舞台。武帝即位的时候还只是个半大不小的少年，失去父亲虽然悲伤，但是他继承皇位成为天子，想到从今以后肩负治理天下的重大责任，内心不由得产生一股使命感。

武帝即位之后，迅速采取许多他祖父、父亲在位时都没有实施过的新措施。充分地展现出他当君王的才华和智慧，也将汉朝推向一个高峰。

2. 振兴儒学延揽人才

当武帝还是太子的时候，就一直在思考怎样才能当个好皇帝。他的祖父文帝和父亲景帝都采用道家的学说，也就是老子和庄子的思想。道家的学说主张清静无为、崇尚自然，也就是凡事顺其自然不强求。为什么武帝之前的君主会这样做呢？这可是有原因的。

当时的国家在秦始皇和秦二世暴虐的统治之后，又经过楚汉相争的混乱时期。汉朝的开国君主刘邦虽然结束了四十年的动乱，建立统一的大汉帝国，让天下获得和平，但是在长期的动乱下，人民的生活相当痛苦，早就已经筋疲力尽了。在这样的情形之下，富裕民生、充实国力，便成为汉代初期几位国君施政的基本方针。为了达到这个目的，首先就是要让疲惫不堪的百姓得到充分的休息，让国家慢慢地恢复力量。

因此，政府必须放宽法律，不能过于严格，还要减少赋税，减轻人民的负担。从开国的君主高祖，到惠帝、文帝、景帝，宰相们都是以"无为"作为治理国家的基本政策，什么是无为呢？就是尽量不要实施太多不必要的措施，不增加百姓的困扰，让百姓休养生息。

不过休息也是要有限度的，总不能一直休息下去啊！等到武帝即位之后，也发现前几任君主为汉朝打下很好的基础，可是都没有积极作为。粮仓累积的粮食太多了，米都烂掉了；府库里的钱也太多了，穿钱用的绳子都朽断了，钱如果没有流通的话，跟废铁有什么两样呢？这样的国家是不会进步的。

地方上有很多人钱赚得很多，势力越来越大，他们欺压善良的百姓，还跟官府争权夺利，危害国家的安全；北方的匈奴也越来越嚣张。该是好好整顿国家的时候了。

武帝跟他的祖父和父亲理念不同，他想以儒学当作治国的方针。

儒家的学说以孔子的思想为中心，最终目的是要达到"仁"的理想。什么是"仁"？孔子认为人类具有孝的本性，仁就是孝的延伸；仁的意义还可以进一步推广到"忠"跟"恕"两个层面，"忠"就是尽自己的力量，用积极的方式为人类谋幸福；"恕"就是推己及人，自己不想要的东西不强迫别人接受。

儒家的学说其实就是鼓励大家要善用我们的聪明才智，为人类谋幸福，不能够只想到自己，还要帮助天下的人，运用自己的智慧和才能，让天下的人都能过着幸福的生活。这种积极的观念，正好跟想大刀阔斧进行改革的武帝不谋而合。

武帝认为儒学是有益于政治的学问，为了在政治上有一番新的气象，他决定振兴儒学，并且延揽有用的人才。

武帝向朝廷大臣发布诏令："举贤良、方正、直言、极谏之士。"贤良就是贤明善良的人；方正就是方直正义的人；直言就是没有顾忌能坦率发言的人；极谏就是能够极力劝诫的人，这些都是治理国家不可或缺的人才。治国最重要的就是人才，这些人才将来对国家的帮助很大，所以武帝把选举人才当作施政的重要措施。

这下子许久没有受到重视的儒生终于熬出头了！很多

有名的学者听到这个消息之后，纷纷通过各种途径赶到京师，想要一展长才。

其中最有名的学者就是董仲舒。他在景帝的时候原本就是一个博士，学问很好，也被推举为贤良之士。武帝为了测试他，就对他进行口试，两人之间有一场精彩的对答，也就是著名的"贤良对策"。董仲舒提出重视教育发展的理念，他告诉武帝说："培养官吏最好的方法，就是建立太学。"

武帝认为董仲舒的建议很有道理，于是在长安城外设立太学。

什么是太学呢？太学就是国家设立的学校，也就是我们现在所说的公立大学。在太学教书的就是博士，这个博士跟现代的博士不一样，不过两者之间有异曲同工之妙。博士本来的意思是博通古今的饱学之士，武帝设置太学之后，博士的任务就是研究学术和教授学生，就相当于现在大学里的教授。

汉代太学的博士所研究的学术是五经，五经就是儒家《易经》《书经》《诗经》《礼经》《春秋》五部经典，所以他们又叫作五经博士。因此，不论是古代的博士还是现代的博士，都是很有学问的人。

太学的学生是由中央及地方挑选，选择的条件是十八岁以上仪表端正的青年，家境和出身并没有限制，虽然学生大多是富家子弟，但是也有很多出身贫苦的青年。这些学生只要通过考试就可以毕业，并且按照考试成绩的高低给他们不同的官位。

除了中央的学校之外，武帝还下令地方也要设置学校，推行以学校培养人才的计划，教学的内容当然是以儒学为主。

然而，武帝振兴儒学并没有这么顺利，他遭到一股很大的阻力，就是窦太皇太后的阻止。窦太皇太后历经文、景、武三朝，从皇后到皇太后又变成太皇太后，在朝廷拥有很强大的影响力，常常干预朝政。窦太皇太后受到文帝和景帝的影响，喜欢道家的学说，不喜欢儒学。她认为文帝跟景帝的时候国家会这么强盛，就是因为实施道家学说的缘故，现在也一样可以做到，根本不需要变更祖宗家法。

武帝大力推广儒学，让窦太皇太后很不高兴。她常常阻止武帝施政，还会杀掉武帝分封的儒官，让这些儒官们很恐惧。

武帝虽然对窦太皇太后的干涉感到很头痛，但因为窦太皇太后是他的祖母，便不跟她硬碰硬，只是静静地等待时机。直到建元六年（公元前135年）窦太皇太后去世之后，武帝才正式大刀阔斧地进行改革，可见他是一个多么深谋远虑的君主。

元光元年（公元前134年），武帝又听从董仲舒的建议，向全国颁布公告寻找"孝廉"。什么是孝廉呢？孝，就是孝子；廉，就是清廉的官吏。武帝找的都是真正有才有德的人。

后来，武帝又找了贤良文学之士，也就是有贤德且学问又很好的人，由他本人亲自考试，得到第一名的是一个叫作公孙弘的人。

公孙弘家里很穷，靠养猪维生，四十岁之后才学《春秋》，被推举为贤良的时候已经六十岁了，算是大器晚成型的人物。武帝曾经派他出征匈奴，不过没有什么战绩，武帝很生气，公孙弘也觉得很难为情，就以养病为理由辞官回家了。后来，武帝征召第二批贤良文学之士的时候，没想到地方政府又推荐公孙弘，他的考卷又被武帝评选为第一名。

其实公孙弘的办事能力很强，也很会处理人际问题，很快，公孙弘就升为左内史，几年之后升为御史大夫，后来还当了丞相呢！

在一系列寻找人才的政策之下，武帝一口气任用了许多有能力的人，这些人的共同点就是熟读儒家的经典，对于怎么运用儒学治理国家都很有见地。太史公司马迁曾说武帝是个"好贤不倦"的皇帝，意思是说武帝很能知人善任，也有容纳不同意见的雅量。任用贤人很容易，可是能接纳跟自己意见不同的人，这就很不简单了。

武帝有一个特点，就是用人相当大胆，他不会在意这个人的出身背景，只在意这个人是不是有才能，武帝更鼓励平民上书自我推荐，由他亲自过目筛选，这样广阔的胸襟，可不是每个皇帝都做得到的！

有个例子可以证明这件事。

当时有个文学家叫作东方朔，他是一个很有个性的人。东方朔为了得到武帝的赏识，求得一官半职，二十二岁来到长安，还给武帝写了一封自我推荐的信。

东方朔的信是这样写的："我叫东方朔，从小就死了爹娘，靠哥哥、嫂嫂抚养长大。我十三岁开始读书，三个冬天学的知识就够用了；十五岁学击剑；十六岁学《诗经》和《书经》，总共读了二十二万字。十九岁学《孙子兵法》，又读了二十二万字。如今，我总共读了四十四万字了。我今年二十二岁，身高九尺三寸，眼睛亮得跟一对明珠一样，牙齿白得像一排贝壳。我像古人一样聪明、勇敢、机灵，讲廉洁，守信义。像我这样的人很值得当天子的大臣，陛下除了用我还能用谁呢？我等着陛下任用我的消息啊！"

武帝一边读他的信一边笑，觉得这东方朔实在是个奇人，有趣得很，于是下令把他找来，暂时住在公车署等候任用。

可是不知道为什么，东方朔担任俸禄微薄的公车令好一段时间，都没有人理他。东方朔等得着急，灵机一动，想到一个让武帝接见他的办法。

有一天，武帝坐着马车准备出宫，突然有一群给他养马的侏儒扑到车前跪着大哭，求武帝饶命。

武帝诧异地问他们："是谁说朕要杀你们？"

侏儒们哭哭啼啼地说："是东方朔！他说我们长得矮小，都要处死！"

武帝说："长得矮小又犯了什么罪了？没这回事！你们回去吧，朕要问问这东方朔到底是怎么回事。"

武帝按捺不住心头的好奇，回宫之后，便把东方朔找来问话。

"你就是东方朔？"

东方朔恭敬地说："是的。"

武帝又问："你说朕要杀死那些侏儒？"

"是。"

见到东方朔居然不反驳，武帝生气地说："这是造谣生事，你该当何罪？"

只见东方朔不慌不忙地说："当然是我胡诌的啊，这是臣想见陛下的方法。"

东方朔顿了顿，接着又说："那些侏儒身长三尺，每月领一袋米，二百四十钱。臣身长九尺多，每月也领一袋米，二百四十钱，他们饱得要撑死，我却快饿死了。如果陛下认为臣有用就用我吧，如果不用就让我回老家，省得留在长安吃陛下的粮食。"

武帝听了忍不住笑了出来，觉得东方朔这个人还真有趣，反应相当机灵，就任命他为待诏金马门，这下东方朔总算有官可当了。

建元三年（公元前138年），武帝开始修建上林苑，动用很多的人力和物力，东方朔以秦朝修建阿房宫为例，劝武帝不要这么奢华。当时秦朝为了修建阿房宫，动用了好几十万人，造成百姓很大的痛苦。武帝听了，虽然没有停止修建上林苑，但是他认为东方朔说得很有道理，也很佩服东方朔居然这么勇敢，敢这样当面指责他，于是把东方朔提升为太中大夫，并赏赐他黄金百斤。

另外一个例子是朱买臣。

朱买臣是吴县人，平常以砍柴为生，生活相当困苦，四十多岁了，除了勉强娶了个妻子之外，什么都没有。可是他有一个优点，就是很好学，读了很多书。朱买臣夫妻两人常常一起上山砍柴，路上朱买臣老是边走边背诵古书，妻子一句也听不懂。

有一天，妻子终于忍耐不了了，要求朱买臣把她休掉。

朱买臣跟妻子说："你跟我受了这么多年的苦，再忍耐几年吧！等我当官之后，你就可以享福了。"

妻子气得指着他骂说："你在做白日梦！我已经受够你了，你这辈子根本就不可能当官，再跟着你，我就只有饿死一条路了！"

朱买臣看妻子要离开的念头相当坚定，知道难以挽回，只好写了封休书让她走了。妻子走了之后，朱买臣仍然一边砍柴一边读书，生活没什么变化。

几年之后，朱买臣跟着会稽的上计吏到长安送账簿，吴县的同乡中大夫严助把他推荐给武帝。武帝召见他，问他对治国有什么看法。朱买臣跟武帝谈了一些他的想法，还引用儒家的经典《春秋》为例子，把《春秋》倒背如流，并且特别朗诵了屈原作品中许多优美的句子。

武帝听了十分高兴，认为朱买臣确实是个人才，封朱买臣为中大夫，后来又让他当了会稽太守。

当朱买臣到会稽就任的时候，受到当地民众的热烈欢迎，他的前妻和后来再嫁的丈夫也在人潮当中。朱买臣在马车上看到他们，居然不计前嫌地招呼他们上车，请他们住在太守的官邸，还用最好的衣服和食物招待他们。不过他的前妻相当后悔，觉得自己看走眼，没有脸见人，一个月之后就自杀了。

武帝虽然崇尚儒学，不过并不排斥其他的学说。有个崇尚道家学说的官员叫汲黯，他为人很正直，常常路见不平，当面跟人家据理力争。武帝的时候他当东海太守，后来又升为主管全国封爵事务的主爵都尉。

有一次上朝的时候，武帝找了很多儒生来谈话，要大家说说如何实施仁义，没想到汲黯居然当着文武百官的面反驳武帝说："陛下如果心里有这么多的欲望，却想要施行仁义，根本就不可能达到像古代贤君那样的境界！"

这句话的意思，就是在责备武帝发动这么多军事行动却说要施行仁义，只是虚有其表而已。武帝听了之后简直气炸了，其他的官员也为汲黯捏把冷汗，心想汲黯这个家

伙怎么这么愚蠢，居然说了武帝不喜欢听的话，这下一定
要被砍头了。

没想到退朝之后，武帝也只是淡淡地说了一句："这
个愣头愣脑的家伙，真是太过分了。"并没有惩罚汲黯。
可见武帝还挺有风度的，虽然听到不喜欢听的话，也不会
随便惩罚有话直说的官员。

整体来说，武帝善于用人，不仅在汉代，甚至在整个
中国历史上都很突出，也让后代的历史学家很称赞，不论
是太学培养出来的官吏，或是地方推荐的官员，他们都熟
读儒家的经典。从武帝以后，中央政府的官吏都学习儒
学，学校的制度也更完善了，读书人最大的学习目标也是
精通儒学，发挥自身所长为国家服务。从此，儒学发展达
到高峰，渐渐成为中华文化的特色。

武帝振兴儒学延揽儒生的措施，让儒学的发展更为稳
固，我们前面提到代表儒家经典的除了五经，还有《论
语》《孟子》这些书，都变成读书人必读的书籍。儒家代
表人物孔子和孟子，也都被读书人所熟悉，儒家的创始人
孔子更被尊为读书人的至圣先师。

3. 巩固中央领导权力

武帝即位之后，为了巩固权力，削弱地方诸侯的实力，加强了中央内部的控制，让汉朝真正变成一个统一的大帝国。

诸侯势力的问题，是汉朝开国以来的老问题了。楚汉相争的时候，刘邦为了战胜强大的对手项羽，曾经分封韩信、彭越、英布这些不是刘家的人当王，因为他们跟刘邦不同姓，叫作异姓王。等到刘邦称帝之后，又分封皇室子弟当王，他们跟刘邦有血缘关系，叫作同姓王。

我们前面说过，汉朝初年的时候实行无为而治，同姓王在经济和政治上发展得很快，因为力量膨胀得很快，这些诸侯就变成割据的半独立状态，有一些人甚至野心勃勃地想夺取皇位，让中央政府感到很困扰。

文帝的时候，贾谊就建议把同姓王的封地切割成几个小单位，多分封几个王，以此达到削弱诸侯的目的。文帝虽然很重视贾谊的意见，但是想到这样会破坏亲戚的关系，所以有些犹豫。

景帝的时候，晁错建议诸侯只要犯罪就削减他的封地，反正削减诸侯的封地诸侯会反抗，不削减也会反抗，还不如趁现在赶快下手，免得后患无穷。景帝采纳了晁错的建议，只要有诸侯犯罪就削减他的封地。没想到却引起很大的反弹，被削减封地的诸侯很生气，把矛头指向晁错，一副要把晁错碎尸万段的样子，后来吴王刘濞干脆串通其他几个诸侯发动叛乱，这就是历史上有名的"七国之乱"。

景帝听到诸侯居然联合起来叛乱简直吓坏了，不得已之下杀掉晁错，希望诸侯们能够消消气，快点退兵。没想到诸侯不但不退兵，还扬言要夺取皇位，这下子景帝终于知道诸侯是管不住了，于是下决心用武力解决问题，最后派太尉周亚夫率领大军平定了叛乱。

乱事结束之后，景帝抓住有利的机会，采取一连串控制和削减诸侯势力的办法。但是，诸侯的势力还是存在，他们认为自己是皇子皇孙，任何人都动不了他们，地方上又有不少巴结他们的人为他们出计谋，所以他们依然过着奢侈玩乐的生活，而且常常有不法的行为。

武帝即位之后，建元三年（公元前138年），代王刘登、中山王刘胜、长沙王刘发、济川王刘明进京朝见武帝，武帝摆了一桌好酒好菜款待他们，还找来歌舞助兴，好不热闹，没想到宴会一开始，刘胜听到音乐就开始哭了起来，哭得伤心极了。

武帝诧异地问他怎么回事，刘胜说："我已经把悲伤藏在心里太久了，听到别人叹息都会令我更加悲伤，甚至听到一点很小的声音，我也会忍不住痛哭。陛下您封我为东方的诸侯，又称呼我一声兄长，可是地方官吏却看不起我们，动不动就骚扰我们，让我们无法安稳地过日子。陛下，我们可是亲骨肉啊！但是我们却越来越疏远，真是太让我伤心了。"

刘胜这么说，是因为看到七国之乱结束之后其他诸侯的境遇而有感而发，这场乱事虽然没有波及到他，可是他也有忧患意识，认为应该要做些自我保护的动作。

武帝听了之后，一开始不明白真相，对诸侯王感到很同情，就对他们好了起来，没想到这些诸侯又嚣张了。尤其是那个在武帝面前痛哭的刘胜，生活相当奢侈，根本就不把朝廷当一回事，这时候武帝才明白事情的真相。

"先帝用晁错的削藩策略原来是正确的。"武帝这时才恍然大悟。

就在这时候，一个重要的人物出现了，这个人叫主父偃。

主父偃生长在一个很贫困的家庭，学过战国时期纵横家的学说，后来改读儒家的经典。他很希望有一天自己的才华能被赏识、被重用。

元光元年（公元前134年），主父偃从老家山东跑到长安，求见大将军卫青，想请卫青帮忙推荐。后来，他又觉得如果只是靠别人帮忙推荐很难出头，所以就写了一封长信给武帝。主父偃在信中提了九个建议，八个是关于法律方面的，一个是关于征伐匈奴的。武帝看完之后，当天晚上就召见主父偃，任命他为郎中。主父偃因为有才华，一年之内就升了四次官！

针对诸侯的问题，主父偃提出了一个政策叫作"推恩令"。

主父偃跟武帝说："古时候，诸侯的土地只有百里而已，天子比较容易控制。今天诸侯却拥有十几座城池，土地绵延千里，他们容易骄傲，私生活也很放纵。天子如果要控制他们，他们就串连起来对抗，朝廷如果要削减他们的封地，他们就发动叛乱，实在是让人很难防备。"

这些话简直是说到武帝心坎里了，只见武帝不停地点头称是。

"嗯，有道理！"

主父偃顺了一口气，又继续说："现在诸侯的儿子很多，可是只有大儿子才可以继承王位，其他的弟弟一点土地都分不到，如果陛下颁布一道诏书，命令诸侯把土地分封给所有的儿子，那些儿子们肯定会感动得痛哭流涕，但实际上诸侯的势力却会被瓜分，力量就变小了。"

"好，好！这真是一个好方法！"

武帝听了主父偃的建议之后赞不绝口，心里想着这个主张早就该推行了，贾谊不是早就说过了，要多分封诸侯削弱他们的力量吗？

不久之后，武帝颁布了"推恩令"，又表扬那些带头实施推恩政策的诸侯。

当时地方上的势力除了诸侯之外，还有不少豪强为非作歹。秦始皇和汉高祖对付这些豪强的方法是命令他们搬家，强迫他们搬到首都附近，这样可以达到控制他们的目的。

主父偃进一步建议武帝说："茂陵已经修建得差不多了，陛下应该跟秦始皇和高皇帝一样，把天下豪杰还有那些祸害百姓的恶霸，通通迁到茂陵来，这样不仅可以充实京师的财力，还可以稳定治安，我们不用杀他们，他们就会自己灭亡了。"

武帝非常高兴地采纳了主父偃的意见，元朔二年（公元前 127 年）夏天，武帝下令地方豪强及财产三百万钱以上的大户人家都要搬到茂陵，让中央政府就近监视。

武帝推行主父偃提出的"推恩令"，其实是非常高明的一招，一方面那些势力强大的诸侯力量被削弱了，再也无力跟中央对抗；另一方面，那些因为"推恩令"而分到土地的诸侯之子们对武帝十分感激，对武帝也更顺服了。这真是一箭双雕的计策，无论从哪方面来讲，都符合武帝想要巩固中央权力的想法。

没想到，正当"推恩令"顺利执行的时候，发生了淮南王刘安及衡山王刘赐的谋反事件。

刘安和刘赐是亲兄弟，是武帝的堂叔。刘安是个喜欢读书、弹琴的人，聪明好学，写得一手好文章，他的文学造诣很高，连武帝都很钦佩。武帝写信给刘安的时候，下笔总是很小心，反复地推敲用字遣词，写完之后还要请大文豪司马相如帮忙再看一遍，以便在叔父面前表现自己的才华。

可是这个刘安相当有野心，他养了很多食客，这些食客中各式各样的人都有，常常给刘安很多计谋和建议，对刘安影响很大。建元二年（公元前139年），刘安到长安朝见武帝的时候，太尉田蚡去迎接他。

田蚡跟刘安说："当今皇上没有太子，大王是高祖的孙子，天下人都知道您是个仁义之人，如果当今皇上驾崩的话，不立您为天子还能立谁呢？"

刘安听了相当高兴，送给田蚡很多金银珠宝，完全不知道这个田蚡其实只是在拍他马屁，随口说说而已。

据说，建元六年（公元前 135 年），长安城的上空出现一颗大彗星，又有几个江湖术士对刘安说："景帝的时候吴楚起兵，天上曾经出现过彗星，后面的尾巴也不过几尺而已，那一场战争却死伤惨重；这一次的彗星大多了，尾巴长得好像横贯整个天空一样，恐怕要有更大的战乱。"

刘安心里想，武帝还没有儿子，一旦真的天下大乱，天下的诸侯都会来抢夺皇位，那时，谁想当皇帝就得靠实力了。于是他暗中积累力量，买了很多兵器，还派自己的女儿刘陵到长安收买武帝身边的大臣，探听消息。刘陵年轻漂亮，又能言善道，带了许多金银珠宝，很快帮刘安收集到不少情报。

淮南王密谋造反的消息不久就走漏了风声。某天，淮南王宫的近卫官雷被跟刘安的儿子刘迁比剑，不小心把刘迁弄伤了，刘安生气地责备雷被，还撤了他的职。雷被气炸了，干脆跑去跟武帝密告淮南王要造反的事。

朝中的大臣听到淮南王要造反，一致认为要处死刘安，但是武帝不许。为了证实这件事情，武帝派主管长安治安的中尉段宏去调查事情的真相。段宏到淮南府后，都还没开始调查，刘安的儿子刘迁就安排了一批刺客在旁边虎视眈眈，心想如果朝廷派来的人太嚣张，他们就会立刻杀死他。

段宏好不容易结束任务回到长安，向武帝报告整件事情。朝中的大臣听到段宏的报告之后，纷纷要求立刻把刘安斩首，但是武帝却不同意，大臣又要求削掉刘安五个县，武帝又说："这样太多了吧！朕看削掉两个县就好了。"

但是当诏书下来之后，刘安发现自己被削掉两个县，心里很不痛快，干脆将造反行动化暗为明。

武帝对刘安这么好，让朝中的大臣实在想不明白。武帝回答他们说："淮南王在这群宗室中很有威信，又是朕的叔父，他又喜欢读书写文章，一下子惩罚太重，会引起其他诸侯不满，朕要做到仁至义尽，让他们无话可说。当然，如果这个叔父再图谋不轨的话，就不要怪朕不客气了！"武帝做事情果然是很有计划的。

这个刘安想当皇帝实在是想疯了，只要有从长安到淮南来的人，刘安就会把他叫来问问朝中的事情。如果来的人说朝廷治理得很好，武帝有儿子了，他就会很生气，认为对方胡说；如果来的人说朝廷治理得很糟，武帝还没有儿子，他就会十分高兴。这时候已经是元朔五年（公元前124年）了，其实武帝的儿子刘据都五岁了。

刘安还做好了登基要用的玉玺，以及丞相、御史大夫、文武百官的印章，也制订了谋反的计划，但这一切都在武帝的掌握中，他早就派人调查得清清楚楚了。

元狩元年（公元前122年），刘安和衡山王刘赐终于谋反了。武帝一接到情报，立刻派廷尉率领军队包围淮南王宫，把刘安跟他的同党一网打尽。后来刘安跟刘赐两人自杀了，参加谋反的人也都被处死。根据史书的记载，因为这次事件而被杀的有好几万人！

后来，刘安和刘赐的封地都被取消了，武帝在那里设置了九江郡及衡山郡，由中央来管理，强化了中央的力量。

4. 广开财源振兴经济

武帝除了在政治上、文化教育上有出色的成就之外，在经济上也制订了许多政策和法令，增加了朝廷的财政收入，让百姓的生活更加安定。

中国自古以来以农立国，农业对中国人来说相当重要。武帝对农业的最大贡献，就是兴修水利，让水走在该走的河道上，不到处乱流，同时又使农田得到灌溉的水源，增加农作物的收成，让百姓过上丰衣足食的生活。

武帝的水利建设包括两个方面：第一是根治黄河水患；第二是修建灌溉系统。

建元三年（公元前 138 年），黄河泛滥，大水淹没了老百姓的家园，也淹没了很多农地，老百姓没东西吃，也没地方住，生活非常痛苦。

为了解决黄河泛滥的问题，武帝派汲仁、郭昌两位官员率领民工围堵黄河的瓠子决口，武帝还亲自到现场，监督治水工作，投了珍贵的白马和玉璧到河中，表示对河神的敬畏。

为了显示他治水的决心，武帝命令将军以下的官员都要参加治水。在大家共同努力下，不久之后，就填满了瓠子决口。当工程完工的时候，军民百姓都很开心，四周不断响起"陛下万岁！"的欢呼声，武帝也高兴得笑容满面。

后来，武帝在这个河口修建了两个渠道，引导河水向北方流，让河水有地方宣泄，终于解除了水患。瓠子大堤修筑完成之后，武帝又派人在大堤上建造一座"宣房宫"作为纪念。

武帝是中国历史上有记载以来第一位亲自到现场指挥治水的皇帝，在中国历史上意义相当重大。武帝治水成功之后，那个地方八十年都没有发生过大水灾。

武帝也很注重水利建设，在他的支持和倡导下，全国各地开始开辟人工渠道，引导水源到需要灌溉的农田里，逐渐形成有系统的水利灌溉网络，这样农田里的稻子就不怕没水喝了。

元光六年（公元前129年），武帝批准大司农郑当时"穿渭为渠"的建议，就是打通渭水让它变成人工渠道，经过三年的工程之后，渭渠顺利完成。

不只如此，武帝还命人凿井取水，但是让每个井的底部相通，兴建一个人工渠道，叫作龙首渠。据说这个人工渠道完工之后，既能够方便交通运输，又可以当作灌溉农田的水源，一举两得，相当实用。这个伟大的工程耗费十多年的时间，创下中国历史上将井做成人工渠道的壮举，积累了开凿竖井的施工经验，在工程学与水利学上都具有重要的意义。后来这种技术还传到新疆地区，叫作"坎儿井"。

元狩三年（公元前120年），武帝嘉奖了一个叫卜式的人，因为卜式主动捐钱帮助官府巩固边疆。卜式是河南人，他将家产的一半无条件地捐献出来，用来帮助朝廷消灭匈奴。后来朝廷跟匈奴作战缺钱的时候，卜式又拿出二十万钱帮助国家。武帝知道之后相当感动，马上拜卜式为中郎，并给他十顷的田地。

当时，有很多有钱人都把他们的钱藏起来，只顾自己，不管国家的处境，武帝特别把卜式的义行公告天下，希望通过这件事情鼓励更多有钱人捐钱给政府。汉朝对匈奴征战到后来，让国家的财政有点吃紧，虽然以前的皇帝存了很多钱，不过武帝也花得差不多了。为了增加国家的收入，武帝明确规定放高利贷的人、囤积货物哄抬物价的人、做生意的人以及手工业者这些不同工作类型的人，要缴纳给国家的钱也不一样，以确保国家的税收。

武帝在经济上还有一件创举，就是把煮盐、冶铁及酿酒这三个当时最赚钱的行业，收回来让国家经营，我们接下来看看武帝如何让这三个行业变成国家财政收入的重要来源。

从高祖时代开始，把生产盐、铁的权力让给地方诸侯，让很多奸商赚了大把银子，变成有钱人。商人赚了很多钱，却不肯捐钱帮助国家，武帝觉得事态严重，开始想办法改变这个状况。

元狩三年（公元前120年），武帝听了郑当时的建议，决定由国家来控制盐、铁的生产和贩卖；元狩四年（公元前119年），武帝任用了东郭咸阳和孔仅这两个人，请他们管理盐、铁事务，这两个人的来头可不小，他们以前经营盐、铁业很成功，所以变成了有钱的商人。武帝充分利用他们的商业才华，将他们从地方上找来帮政府做事情。

这两个人建议政府雇用百姓煮盐和冶铁，政府可以提供主要的工具，如果有人背着政府私自煮盐或冶铁的话，就要剁掉他的左脚趾，没收他的器物，重重地惩罚。

盐、铁专卖计划提出之后，遭到不少人反对，那些依靠经营盐、铁发财的商人反对最为激烈，但是武帝的态度很坚决，他不理会那些反对的意见，仍然继续实施他的计划。

元狩六年（公元前117年），武帝派东郭咸阳和孔仅两人到各地筹备专卖机构，挑选对盐、铁事务有经验的人担任盐官和铁官。以前有一个惯例，商人跟他们的小孩是不能当官的，因为人们觉得商人做生意不老实，赚了很多黑心钱。但是武帝更改不准商人当官的禁令，任用了一批有钱的商人担任盐官和铁官。

这样的做法其实很聪明，因为这些商人都很熟悉盐、铁方面的事情，让他们来担任这个职务是最合适的，一方面这也是一种妥协，武帝希望任用这些商人当官，换取这些人对盐铁政策的支持，这一招的确是高招！

天汉三年（公元前98年），武帝还进一步下令实施酒类的专卖，国家统一酿造和贩卖，禁止民间私自酿酒。

挑选酒来当作第三个国家专卖的行业，其实是很有眼光的。因为很多穷苦的百姓喝不到酒，但是有钱人家里却少不了酒，将酒类当作专卖的物品，等于是向有钱人征收一笔特别税，却不会影响老百姓的生活。武帝这项措施稳稳地让国家的财政收入持续向上攀升，增加了国家的经济实力。

武帝的经济政策会这么成功，最主要的原因就是他大胆任用了东郭咸阳、孔仅及桑弘羊这些人，他们不仅帮武帝制订了盐、铁、酒的专卖制度，又设计了"均输""平准"两种办法，为国家开辟财源。

什么是"均输法"和"平准法"？

元鼎二年（公元前115年），武帝采纳桑弘羊的建议，颁布"均输法"。

均输法是为解决长期以来各地向京师进贡本地产品带

来的积压浪费。具体办法是，各郡设置均输官，除品质特优品进贡京师外，一般贡品由均输官运往邻近高价区售卖，或按当地售价折现，再另购其他商品发售，这样，既减少了以往贡品运输的损耗，也增加了财政收入。

桑弘羊又制订了互相配合的办法，叫"平准法"。朝廷控制了大量的物资之后，当市场货源较少而物价较高的时候，把它们卖出去；当市场货物较多、价格较低的时候，又尽量买进来储存，用这样的方法平抑物价，让投机取巧的商人不能够从中赚取暴利，朝廷也能赚不少钱。

通过均输法和平准法，国家的财政迅速地增加，朝廷不需要增加百姓的税收，国库就能有稳定的收入，这个方法的确很厉害！

武帝采取的经济政策几乎都是针对有钱人制订的。虽然武帝用了一些商人当官，但是整体来说，还是限制了工商业者的发展，将经济大权收回中央。有些小型工商业者回到了农业的老本行，农民也不用离乡背井到外地讨生活。这些政策带有重农抑商的性质，自然也压抑了一些有钱商人的气焰，让百姓更能够安居乐业。

5. 远征匈奴

武帝之所以被后人称作武帝，是因为他在战事上的丰功伟绩。在他所有的武功成就当中，最壮观的就是对匈奴的战争。

匈奴是居住在北方的游牧民族，以畜牧为业，逐水草而居，骑兵相当厉害。匈奴不擅长农耕，所以常常入侵中原，抢劫汉人的农产品、绢、绵、家畜及良家妇女。从早期的东周时代，到秦朝、汉朝，匈奴一直对中原王朝构成严重威胁。

秦朝统一天下之后，为了阻挡匈奴入侵，秦始皇曾经修建工程浩大的万里长城，还派蒙恬率领大军进攻，迫使匈奴的势力退缩到内蒙古一带。不过大多数时候，历代皇帝在匈奴面前，不是任他侵掠，就是用丰富的礼物或和亲政策来换取和平，匈奴成为历朝统治者最大的困扰。

匈奴最强盛的时期是冒顿单于时代。"单于"是匈奴王的称号，冒顿发动政变，推翻他父亲头曼单于，成为匈奴的新单于。冒顿单于统一匈奴之后，又向西边进攻，攻下月氏国，又消灭丁零国，控制了整个蒙古地区，还多次派兵进攻西北部的山区。

那时正是汉高祖刚建国的时候，因为跟楚霸王项羽激烈的战争才结束，国力很弱，没有力量抵抗匈奴，但是眼看匈奴步步逼近，也不能坐视不管。汉高祖七年（公元前201年），冒顿单于在云中和代郡设置"单于之庭"，作为集会的地点，有向汉朝示威的意思，高祖忍耐不住，决定发兵进攻匈奴。可惜出师不利，刚登上白登山，冒顿就趁着高祖率领的三十二万步兵还没有全部抵达之前，出动四十万骑兵将高祖包围在山上，高祖被包围了七天七夜，对外联系全被切断，没有援军也没有粮草，孤立无援。

高祖为了脱困，只好听从陈平的建议，暗中派使者送给冒顿的夫人很丰盛的礼物，希望她能帮忙说点好话，让单于放他们一马。几番折腾之下，高祖好不容易脱险，狼狈地回到中原，再也不敢轻举妄动。之后，他派刘敬出使匈奴，还将公主嫁给冒顿单于，每年送给匈奴很多绢、绵、米、酒之类的礼物，总算是跟匈奴结成亲戚关系，后来的人将这次事件称为"平城之困"。这件事让汉朝很没有面子。

没多久又发生了冒顿单于写信给吕太后的事情。

那时，高祖刚逝世不久，朝廷由吕太后执政，冒顿不但经常入侵汉王朝的边境，还写了一封很没礼貌的信给吕太后。吕太后气得想要攻打匈奴，但被身边的大臣劝退了。因为当时西汉王朝的力量没有那么强，如果双方打仗的话，汉朝一定会输，吕太后没有办法，只能维持屈辱的和亲政策，勉强维持两国的和平。

接下来文帝、景帝在位时都是这样的局面，就连武帝刚登上帝位的时候，汉朝和匈奴的关系也是这样。

但是武帝不会让这样的情形一直持续下去。他知道，如果继续采用和亲政策，只会让匈奴更骄傲，更看不起汉王朝，所以必须用武力讨伐，才能彻底解决匈奴的问题。

武帝心里盘算着汉王朝的优势，文帝、景帝在位的时候，厉行节俭，国家已经积累了大笔的财富，经济实力很雄厚，打仗所需的钱不是问题，剩下的关键是选拔能够担当军事大任的人才，那么该找谁上战场呢？这当然难不倒聪明的武帝，他很快地发挥了知人善任的才能。

建元二年（公元前139年），汉军在边境跟匈奴发生了一些摩擦，双方一言不合打了起来，后来汉军抓到几个俘虏，将他们的口供送到长安，上面写着："匈奴讨伐大月氏，杀了大月氏王，大月氏王的头盖骨被做成酒杯，匈奴拿头盖骨做成的酒杯喝酒，让月氏国民怀恨在心，想找同盟国对匈奴采取报复行动。"

这真是太好了！武帝看了口供之后心里萌生一个想法，他打算跟大月氏结盟，让汉王朝从东边，大月氏从西边，共同夹击匈奴，这是以前任何一个军事家都不曾想到的策略，武帝的军事谋略实在是很令人佩服。

可是，要派谁到大月氏去呢？大月氏在西域，这个地方对汉朝来说实在是遥远而陌生，如果想去西域，必须从陇西出发，渡过黄河，穿过河西走廊，这是必经之路，只有这条路才能抵达，可是这里也是匈奴的所在地，虽然当时匈奴与汉王朝有协议，可是匈奴很难让人相信啊！万一中了暗算怎么办？

要去大月氏，首先要冲过匈奴的阵地。冲过之后，又是一段汉人没有去过的广阔土地，这一去不知道是吉是凶，实在是一个很大的冒险。

隔天，武帝找来所有的文武官员，讨论派人到月氏国这件事情，武帝对大臣们说："朕打算派使节前往大月氏，有谁愿意承担这个责任呢？"

当场只见大臣们你看我，我看你，面面相觑，就是没有人愿意当自愿者。

"真的没有人愿意吗？"武帝又问了一次。

就在四周一片静悄悄的时候，突然有个声音传了出来："要是可以的话，臣愿意前往大月氏！"

这个人的声音相当响亮，群臣的目光都转移到这个年轻人的身上。说话的人叫张骞，汉中郡城固人，当时才二十六岁，虽然担任郎中已经两年，但还只是个小官吏而已。

听到张骞自告奋勇愿意出使月氏国，武帝刚开始觉得

意外，因为张骞实在是太不起眼了。武帝想了又想，那个平常总是面带微笑的张骞，从来就不爱出风头，为什么这次要毛遂自荐到大月氏呢？

"你决定要为朕出使大月氏吗？"武帝怀疑地问张骞。

"是的，如果皇上认为臣可以的话。"张骞恭恭敬敬地回答武帝。

"但是这一趟非常辛苦和危险！"武帝又说，"你还是再考虑一下吧。"

"臣不怕，臣已经考虑过了。"

张骞是个很有冒险心的人，到西域的意愿相当强烈，武帝看了看众大臣，其他官员都躲得远远的，只有张骞愿意身先士卒，武帝很佩服张骞的勇气，于是就答应了他。

武帝亲自将代表汉王朝皇帝使者的旌节递给张骞，并且帮他找了一个向导——堂邑父。

因为武帝的成全，张骞踏上了对他的人生来说相当重要，对整个中国历史来说更有重大意义的"凿空"之旅。

建元六年（公元前 135 年），匈奴的单于又派使者前来请求和亲。虽然武帝心里已经下定决心要讨伐匈奴，但真的要动手的话，还是征求一下大臣们的意见为好，于是武帝找来文武官员一起开会，问大家的想法。

官员王恢从小生长在北方，曾经亲身感受过匈奴侵扰带来的灾难。他对武帝说："我们已经跟匈奴和亲好几次了，每次都只维持几年，匈奴就背叛盟约。我认为这次应该拒绝和亲，主动攻打匈奴！"

但是御史大夫韩安国却持反对意见："匈奴人逐水草而居，哪边有粮食就到哪边去，行踪实在不容易掌握，要制服他们真的很难啊！我们的军队如果要跟他们搏斗，到北方的时候人跟马都累死了，哪里还有力气打仗？到时如果匈奴趁机反攻的话，我们就危险了，我看还是和亲好了。"

韩安国是个老资格的朝廷重臣，大部分官员都附和他的意见。武帝看到这样的情形，没有办法，只好先按捺住主动攻击匈奴的想法，勉强同意暂时和亲，静待时机到来。

不过武帝并没有等太久，元光二年（公元前 133 年），机会来了，武帝终于踏出主动出击的第一步。

这一年，马邑有个富豪叫聂壹，他通过王恢向武帝提出一个计策，就是引诱单于占领马邑，到时再让朝廷的军队在旁边埋伏，趁机包围匈奴，消灭他们。

武帝采纳了他的计策，聂壹按照计划从死牢里挑选了两个犯人，砍下他们的头，挂在马邑城门上，告诉匈奴这是县令、县丞的脑袋，单于看了之后相信了，立刻率领十万大军准备占领马邑，这时武帝的三十万兵马埋伏在马邑附近的山谷中，准备突袭匈奴。

但是当匈奴的军队走到离马邑一百多里的时候，单于看见满山遍野的牛羊却没人看管，感到相当困惑。

这么多的牛羊怎么都没有人放牧呢？这是怎么回事？单于当下感到怀疑，认为其中一定有诈。

正当单于在疑惑的时候，匈奴抓到一个汉军，这个汉军怕死，居然把汉王朝的计划全部都说了出来。单于听了之后大吃一惊，拍着胸脯直说："真是上天要帮助我啊！"他赶紧撤军，汉王朝此次诱敌之计没有成功。

马邑之谋失败让武帝脸上无光，更坚定了要打败匈奴的决心。武帝开始拒绝与匈奴和亲，匈奴也更频繁地入侵

汉朝边境，汉朝与匈奴算是正式决裂了。

窦太皇太后离开人世，这对于武帝采取抗击匈奴的政策有很大的好处。窦太皇太后一直将文帝和景帝对匈奴的政策奉为最高原则，反对武帝用武力讨伐匈奴，因此前几年武帝还不敢轻举妄动，等到窦太皇太后去世，武帝就开始实行自己的理想了。

武帝对匈奴的战争，最重要的两位将领，一个叫卫青，一个叫霍去病，都是历史上赫赫有名的战将。

卫青，字仲卿，河东平阳人，他的母亲是平阳公主的女仆，平阳公主是汉武帝的姐姐。卫青的母亲在丈夫死后到平阳公主家中帮佣，与县吏郑季生了卫青。后来，他的母亲因为养他非常辛苦，就把他送到亲生父亲那边去。郑季的原配夫人很看不起卫青，郑家的几个儿子也不把卫青看成兄弟，动不动就打骂他，卫青小时候吃了不少苦。

卫青长大之后，不愿再受郑家的歧视，便回到母亲身边。平阳公主看到卫青已长成一个相貌堂堂的男子汉，非常喜欢，就让他做了自己的骑奴，每当公主出门的时候，卫青就骑马跟在她身后。卫青聪明好学，跟在公主身边渐渐学到一些知识，也越来越成熟。

建元二年（公元前 139 年）的春天，卫青同母异父的姐姐卫子夫被武帝选入宫中，卫青也被召到建章宫当差，这是卫青命运的一大转折点。

卫子夫入宫不久就怀孕了，让陈皇后很嫉妒。陈皇后就是小时候跟武帝定亲的陈阿娇，与武帝成亲后被立为皇后，但一直不能为武帝生下儿子。她怕卫子夫生下男孩，被立为太子，卫子夫也会成为皇后，这将对她是一个很大的威胁。

但是，卫子夫很得武帝宠爱，陈皇后不敢对她怎样，就跑去找母亲馆陶公主诉苦。馆陶公主为了帮女儿出气，故意陷害卫青，随便找了一个借口，把卫青抓了起来准备处死。卫青的好朋友公孙敖听到了消息，找了几个壮士好不容易把卫青救了出来。公孙敖还派人送信给武帝，报告整件事情的经过，武帝知道后相当愤怒，干脆任命卫青当建章宫的宫监；不久，武帝封卫子夫为夫人，又将卫青升为太中大夫。

元光六年（公元前 129 年），匈奴大举入侵汉朝边境，眼看就要接近上谷了，武帝果断地派卫青带领军队迎击匈奴。从此之后，卫青开始了戎马生涯，先后建立了很多战功。

武帝的策略是派四个将领，让他们各率领一万名骑兵出征，卫青从上谷出发，公孙敖从代郡出发，公孙贺从云中出发，李广从雁门出发。

当时卫青虽然是第一次带兵出征，但是他相当英勇善战，没多久就直捣匈奴的龙城。龙城是匈奴祭拜天地祖先的地方，对匈奴来说是很重要的据点，那一战卫青杀了七百个敌军，另外三路人马没有成果，只有卫青打了胜仗。

汉武帝看到只有卫青凯旋归来，所以对他非常赏识，特别加封卫青为关内侯。

汉朝反击匈奴，让匈奴更猛烈地侵略汉朝边境。元朔元年（公元前 128 年）秋天，匈奴攻破辽西，杀死辽西太守，又打败渔阳守将韩安国，俘虏两千多名汉朝百姓。武帝派李广镇守右北平，匈奴避开李广从雁门关进攻，武帝

又派卫青出征，从背后袭击匈奴。

卫青果然没有让武帝失望，他率领三万名骑兵赶往前线，身先士卒奋勇杀敌，将士们更是勇往直前，斩杀、俘获匈奴数千人，匈奴大败逃走，汉军取得空前的胜利。

元朔二年（公元前 127 年），武帝决定派卫青进攻匈奴盘踞很久的河南地①。河南地是汉朝和匈奴双方必争之地，因为那里距离汉朝京城长安比较近，匈奴占据它便可以威胁汉朝，汉朝为了不被匈奴威胁，一定要收复河南地。

卫青采用迂回的战术，从西边绕到匈奴军队后方，攻占高阙，切断匈奴白羊王、楼烦王与单于的联系。然后，又进攻陇西，将他们包围，白羊王和楼烦王吓得慌忙逃走，汉军活捉好几千名匈奴人，夺得一百多万头牲畜，完全控制了河南地。

这一带水草肥美，形势险要，是重要的战略基地，武帝就在这里修筑朔方城，设置朔方郡、五原郡，迁徙十万

_____

① 即现在的河套地区。

名汉朝百姓到此地定居，还修复秦朝蒙恬建筑的边塞及沿河的防御工程，不但解除了匈奴对长安的威胁，也建立了防御匈奴的基地。

匈奴对失去河南地很不甘心，一直想要重新夺回去，几年内又进攻汉朝很多次，都被汉军挡了回去。这时候刚好皇太后去世，武帝正在为母亲办丧事，古礼虽然规定皇帝不必为父母守丧三年，可是孝顺的武帝在皇太后去世两年内一直忍着，没有对匈奴进行反击。

直到元朔五年（公元前 124 年）春天，武帝又命令卫青率领军队进攻匈奴。

匈奴的右贤王知道汉朝的军队快来了，但是他心想大概还在很远的地方，不可能这么快就到，他放松了警戒，每天在军营里饮酒作乐，完全没想到卫青会趁黑夜进攻。

当卫青攻进来的时候，右贤王还拥着美妾畅饮美酒，突然听到营帐外面杀声震天，吓得惊慌失措，连忙带了几百骑兵杀出重围逃走，卫青俘虏了营帐中剩下的人，也接收了匈奴留下来的一百万头牲畜，汉军在这场战役中大获全胜。

卫青打胜仗的消息传到长安，武帝非常高兴，没等到卫青回来，就迫不及待地封卫青为大将军，还派使者带着"大将军印"到边境去慰劳卫青。卫青回长安之后，为他举行了相当盛大的欢迎仪式。

在欢迎仪式上，武帝气宇轩昂，充满胜利的快感。喜悦的武帝还亲自倒酒给卫青，宣布说："光是封卫青当大将军还不足以表彰他的战功，朕决定再加封他食邑八千七百户，所有将领都归他指挥，他的三个儿子都封为列侯。"卫青的三个儿子中有一个还只是小娃娃呢，也被武帝封为列侯，可见武帝有多开心。

但是卫青非常谦虚地推辞了，他说："微臣有幸在军队中服务，仰仗陛下的神威让军队获得胜利，这全是将士们拼死奋战的功劳。陛下已经加封微臣食邑了，微臣的儿子年纪还小，一点功劳也没有，陛下封他们为侯，还赐土地给他们，他们怎敢接受呢？这样是无法鼓励将士的。"这番话让武帝相当佩服，于是从善如流，大大地奖赏了跟着卫青出生入死的将士。

虽然遭受了汉朝几次猛烈的攻击，但匈奴依然相当

猖獗。

元朔六年（公元前 123 年），武帝又派卫青攻打匈奴，由他统率军队，公孙敖为中将军，公孙贺为左将军，赵信为前将军，苏建为右将军，李广为后将军，李沮为强弩将军，分别率领六路大军。

在这次战役中，有一位十八岁的年轻将领表现出惊人的军事才能，他就是卫青的外甥霍去病。霍去病首次参加战役，只率领八百骑兵深入敌阵，竟然大获全胜，俘虏了单于的祖父、叔叔及许多匈奴重要首领，歼敌两千多人，战果辉煌。霍去病回到京师后，武帝相当开心，封他为"冠军侯"，后来又加封为车骑将军。

在这次战役中，右将军苏建跟着卫青出征，他率领的三千人马被数万名匈奴包围，死伤惨重，跟他并肩作战的前将军赵信本是匈奴降将，兵败后又投降了匈奴，只有苏建一个人逃了回来。

卫青召集各方的将领讨论该如何处置苏建，有人建议将他斩首，建立大将军的威严，卫青却认为自己身为皇亲国戚，没有必要再建立威严，应该把苏建送回长安由武帝亲自处置。回到长安之后，卫青老实地跟武帝报告整件事情的经过，武帝赦免了苏建的死罪，要他交纳赎金后贬为平民。

卫青本来有权力自己处决部将，却没有随便杀人，做了身为人臣没有专权的好榜样。这次战役整体来说虽然获得很大的胜利，可是因为苏建的失败和赵信的投降，卫青并没有得到什么封赏。

卫青回到长安之后，有一个叫宁乘的人求见卫青，要求跟卫青密谈。卫青摒退了身边的奴仆，问他："究竟有什么事情？"

宁乘说："将军的姐姐卫皇后虽然现在很好，可是宫里有一个王夫人正受到皇上的宠爱，您知道吗？"

卫青说："听说过，可是我没注意。"

宁乘接着又说："大将军，您现在地位崇高，又有万户的食邑，这固然是因为您战功彪炳的关系，但不可讳言的，也是沾了皇后的光。为了大将军着想，听说王夫人的父母还不太宽裕，也没有得到什么封赏，您可以先送黄金给他们家，这样王夫人也会变成您的支持者，在皇上面前为您说好话。"

卫青觉得宁乘的话很有道理，立刻做出决定："这件事情就马上办吧！"

不久之后，卫青派人送了五百斤黄金到王夫人父母的家中。

武帝知道这件事情之后，把卫青找来，一见到卫青就冲着他笑说："你这个人，也学会送人金子了？"

卫青被问得很不好意思，他知道武帝的眼光比他锐利多了，反正瞒也瞒不住，干脆就实话实说了。武帝听了又是一阵笑。

卫青说："陛下天资睿智，把臣的一举一动都看透了。"

可见武帝虽然贵为天子，但是千万别想欺瞒他，武帝可是每件事情都清清楚楚的！

元狩二年（公元前121年），武帝又再度下令攻打匈奴。这次由霍去病当主将，他夺得祁连山和河西走廊，让汉朝完全控制河西地区，切断了匈奴与羌人的联系。

这年秋天，因为害怕汉朝的力量，匈奴浑邪王及休屠王打算投降汉朝，武帝命令霍去病去接受投降。正当霍去病准备接受投降的时候，休屠王居然后悔了，浑邪王怕事情有变故就把他杀了，自己迎接汉军的到来。当浑邪王的军队接近汉军的时候，部分匈奴兵感到害怕，居然掉头就跑。霍去病大吃一惊，连忙问浑邪王是怎么回事，一问之下才知道原来匈奴发生了内讧。霍去病查出总共跑走了八千人，将他们抓回来之后全部都斩首了。

武帝把投降的匈奴人迁徙到陇西、北地、上郡、朔方、云中五郡，称为"边地五属国"，此后，金城河西一带再没有匈奴人侵犯了。

两年之后，为了彻底击溃匈奴的主力，武帝集中全国的财力、物力，准备对匈奴发动更大的攻势。武帝认为："匈奴单于采纳赵信的建议，远走沙漠以北，就是认定我们汉军无法穿越沙漠，即使穿越了也不敢多作停留，这次我们要发动更强烈的攻势，一举消除匈奴的威胁。"

武帝挑选了十万匹精壮的战马，由卫青、霍去病各率领五万人，分别从东、西两路出征，为解决粮草供应问题，武帝又动员了私人马匹四万多匹，步兵十多万人，负责运输粮草。

卫青大军往北走了一千多里，越过炎热的沙漠，终于跟匈奴军交兵。卫青临危不乱，命令部队用战车环绕成一个坚固的阵地，派出五千名骑兵向敌阵攻击，匈奴派出一万名骑兵迎战，双方战况非常惨烈。

后来单于发现汉军很多，而且士气相当高昂，知道这一次是赢不了了，慌忙上马想奋力突围，卫青知道单于突围逃走的消息，马上派骑兵追赶。匈奴兵不见了单于，军心大乱，各自四散逃命。卫青的军队一直前进到真颜山赵信城，获得匈奴囤积的粮草补充军用，休息一天之后班师回朝。

霍去病率领的东路军，则是遇到匈奴左贤王的军队。经过激烈的战争之后，俘获了匈奴三个小王以及高级将领，消灭七万多人，左贤王则趁乱逃走了。

这次战役，汉军打垮了匈奴的主力军队，让匈奴元气大伤。从此以后，匈奴逐渐向西北迁徙，匈奴对汉朝的威胁基本上是解除了。

军队打胜仗回到长安之后，武帝为了慰劳和表彰霍去病，要为他盖一座将军府，武帝对霍去病说："你应该有

一座很气派的房子，建一个体面的家。"

霍去病回答说："匈奴都还没消灭，怎么能够成家呢?"武帝听了这句话，开怀大笑，为有这样一心一意为国家着想的将军感到自豪。之后，武帝就更信任霍去病了，他的地位和大将军卫青几乎要平起平坐了。

卫青、霍去病，再加上受宠的卫子夫，卫氏一门在朝廷中简直是显赫得不得了，京城中有歌谣说："生男无喜，生女无怨，独不见卫子夫霸天下。"意思是说卫氏一门的显贵全是靠卫皇后。但是其实并不是这样的，在汉朝时期，左右朝政的外戚大多是靠裙带关系，但是卫青、霍去病却是出生入死上场杀敌，为国家贡献很大。正因为如此，即使后来卫皇后失宠，二人在朝廷的地位也丝毫不受影响。

经过武帝讨伐匈奴之后，汉朝跟匈奴的势力逐渐拉大了差距。后来虽然匈奴的势力又有发展，但是没有恢复到汉初这么强大。武帝反击匈奴，是对中原经济、文化的保护。

6. 开启丝绸之路

　　现在说说那个带领一百多人前往大月氏寻求结盟的张骞，他的命运又是如何呢？建元二年（公元前139年），张骞带了一百多名部下出发前往大月氏，武帝还给张骞派了一位胡人向导堂邑父，希望能帮助张骞顺利抵达目的地。

　　但是张骞还没到大月氏，半路就被匈奴捉住了，一关就是十几年，并在匈奴娶妻生子，但是他并没有忘记自己的使命，随时等待机会逃走。即使被软禁在匈奴，张骞从未间断过搜集西域各个国家的资讯，并且一直计划逃出去的办法。

　　后来趁匈奴逐渐对他不加防范的时候，他就带着妻小和堂邑父逃了出去。张骞一路跋涉，寻找大月氏的所在地，途中见识到许多和汉朝不同的风光、人文，还得到大宛国愿意与汉朝互通往来的好消息。

好不容易，张骞终于找到大月氏国。没想到经过十几年的时间，大月氏又找到安居的地方，不想再对匈奴用兵，只想过和平的日子。张骞费了一番口舌，大月氏的国王还是不答应结盟，最后没有办法，张骞只能失望地回国。只是张骞实在很倒霉，在半路上又被匈奴捉住了，这次关了一年多，后来还是趁着匈奴内乱时逃了出来。

元朔三年（公元前126年），张骞终于回国了，跟着他的还有他的匈奴妻子、儿子以及忠心耿耿的堂邑父，那时距离他从长安出发已经过了十三年了。

张骞平安归国了，不但如此，他还带回西域特有的葡萄、苜蓿、胡瓜，在汉朝立刻造成轰动。武帝听到失踪十三年的张骞平安回来了，惊喜得不得了，他一面吃着张骞带回来的葡萄，一面听张骞报告出使西域的过程，对于张骞十三年来坎坷的旅程相当感动。虽然张骞对没有成功说服大月氏结盟的事情感到很愧疚，但是武帝也能够理解，并没有迁怒张骞。

武帝对张骞的报告很有兴趣。这几年来张骞到过很多地方，有大宛国、大月氏国、大夏国、康居国等，还搜集了附近几个大国的各种情报，当时西域地区大约有三十几个国家，除了他到过的几个国家之外，他还提供身毒国、安息国及条支国的情况。

因为张骞的介绍，西域的情形才开始传到汉朝，张骞通西域原本是为了军事外交，虽然任务没有达成，但是带回了大量的域外资讯，让武帝了解在汉王朝之外还有其他国家，引发了对西域的关注，他想跟这些西域国家交流。

张骞回国之后，担任过校尉，跟着卫青出征匈奴，因为张骞对匈奴的风俗民情十分了解，也很熟悉地理环境。霍去病首次带兵出征的时候，张骞的知识也发挥了很大的作用，因为他知道水和草在哪里，所以队伍没有断过食物和水。由于当时军队的食物来源大多是牛、羊之类的牲畜，这些牲畜是离不开水和草的。

卫青打了胜仗，张骞也升为"博望侯"，就是"广博瞻望"的意思，代表着他对世界有广泛的观察，这可不是每个人都能得到的称号。

后来武帝讨伐匈奴左贤王的时候，张骞迟到了，必须

受到处罚。他缴纳了罚金才免去死罪，并被贬为平民。其实张骞被判死刑却可以用赎金抵罪，全都是武帝的意思，武帝心里明白，廉洁的张骞是拿不出这么多赎金的，于是他让自己最信任的宦官将赎金准备好，帮张骞缴了，因为张骞对西域地理的知识可是武帝不可或缺的宝藏呢。

武帝每十天就会召张骞进宫，问他一些关于西域的事情。在张骞的建议之下，元狩四年（公元前119年），张骞再次出使西域，希望能够联络乌孙夹攻匈奴。这一次路上并没有遇到匈奴的骚扰，张骞平安抵达乌孙，向乌孙王游说夹击匈奴的策略，但是没有被接受。

那时候乌孙王已经很老了，国内分裂成三派，政局很不稳定，根本无心跟汉朝谈结盟的事情。张骞这次出使的目的虽然没有达成，但是乌孙王对于与汉朝保持友好关系这一点倒是相当赞成，张骞一行人回去的时候，乌孙王还派了十几个人跟张骞一起到长安参观，汉朝的文明让这些乌孙使节大开眼界，感到相当震撼。

另一方面，张骞的副使分别抵达大宛、大月氏、大夏、安息、身毒和其他附近的国家，副使们陆续带领这些国家的使者回到长安，汉朝终于和西域诸国建立联系，打通了中西的交通路线。元鼎二年（公元前115年），张骞平安回国之后，由于过度劳累，不久后因病去世。

司马迁把张骞出使西域称为"凿空"西域。空是通的意思，"凿空"西域意思就是说开凿了通往西域的道路。通过这条道路，西域广大的地区与汉朝建立了紧密的联系。

张骞真是个很了不起的人。他身材魁梧、强壮有力、毅力坚强、处事果断，善于发现他人的长处，又能够获得别人的信任。据说，匈奴和其他少数民族都喜爱他的人品，对他十分信赖。

因为张骞的关系，汉朝设置河西四郡，也就是武威、张掖、酒泉、敦煌；还攻破楼兰和姑师这两个地方。汉朝使者还到西域探查黄河的源头，他们回来跟武帝报告说，黄河的源头在于窴，武帝便将发源黄河的山命名为昆仑山。

以后武帝对西域诸国用兵及出兵南越，使得大汉帝国声威远播，西域的国家才开始知道汉帝国的强大，陆续派遣使者来朝贡，同时来往这条交通路线的商人也多了起来，中国的丝绸和漆、玉、铜等物品传到西域，西域的葡萄、音乐、艺术品也陆续传到了中国。

这条由张骞所打开的西域之路，后来被称为"丝绸之路"，因为它是中国丝织品的贸易路线，中国和西方的文化交流也更频繁了，这都离不开张骞出使西域所奠定的基础。

7. 胸怀四方

除了匈奴和西域之外，武帝的眼光可不仅止于此，他还望向中国的南方和东方。

我们先来看看南方的状况。

南方的南越历史发展相当复杂。这地方在秦朝的时候曾经是属于中国的，秦始皇在这里设置南海、桂林、象三个郡，但是秦朝末年的时候，南海郡龙川县令赵陀，趁着中原战乱没有时间管理这里，自己称王了。到了汉高祖的时代，虽然赵陀表面上是以诸侯王的名义归顺汉朝，实际上却是独立的，只是每年要进贡两次罢了，并不太把汉朝看在眼里。

等到武帝在位的时候，南越王已经变成赵陀的孙子赵胡了，赵胡死了之后，他的儿子赵婴齐继位。这个赵婴齐相当大胆，一直不肯到长安晋见汉朝的皇帝，因为他认为，这样就跟汉朝的诸侯没有两样，那不是降低自己的地位吗？虽然汉朝一直催促他进京朝拜天子，他却总是装病，从没去过。

元鼎四年（公元前113年），赵婴齐去世之后，他的儿子赵兴继位，武帝派使节到南越催新任的南越王到长安，同时还要他把境内的关卡废除，让汉朝到南越的交通可以更顺畅。

武帝派去的使节安国少季和赵兴的母亲樛氏原本是一对恋人，当安国少季到南越之后，两人居然旧情复燃。南越国的人知道之后都很鄙弃太后，樛氏为了安国少季，极力劝儿子赵兴做好入朝的准备，同时也想杀掉反对赵兴入朝的丞相吕嘉。没想到，吕嘉得到南越人民的支持，居然起兵叛乱，杀掉南越王赵兴和太后樛氏。武帝得到消息之后，马上派兵讨伐吕嘉，但是居然被吕嘉打败了，这可让武帝很没面子。

一年之后，不甘心的武帝卷土重来，一口气派了四位将军出兵，终于顺利打败吕嘉，吕嘉跟他新拥立的南越王建德一起逃亡，没多久就被汉军杀死了。南越的政变终于平定，武帝在南越设置九个郡，治理这一块广大的地区。

消灭了南越之后，汉军又回过头来灭掉了妨碍汉军征讨南越的西南方小国，其中有个小国叫夜郎，因为害怕强大的汉朝，夜郎王还亲自到长安朝见武帝，武帝让他继续当夜郎的国王。

汉朝的使者跟夜郎王第一次交涉的时候，还发生了一件趣事。

有一次汉使者向夜郎王介绍汉朝的文化及历史，正讲得口沫横飞的时候，夜郎王居然问使节说："汉朝有多大，有我夜郎大吗？"

这句话简直让汉使者傻眼，当场说不出话来。因为夜郎的面积、人口都比不上汉朝的一个郡，可是夜郎位于资讯不流通的西南方落后地区，没有正确的地理概念，竟然自以为可以跟汉朝比大小。"夜郎自大"这个成语就是从这件事来的，用来比喻一个自不量力、过度膨胀自己的人。

后来，因为滇国附近的小国加害汉朝的使者，武帝准备派两支军队将他们消灭，当汉朝的军队到达的时候，滇

王十分恐惧，立刻投降了汉朝，武帝在当地设置益州郡，让滇王继续统治当地的百姓。

南越灭亡一年之后，东越王余善也起兵侵犯汉朝的边境，武帝立刻派遣将领讨伐。元封元年（公元前110年），汉军攻陷东越的都城，东越王余善被他的属下杀死，汉军顺利平定了东越的乱事。东越平定之后，武帝考虑到这个地方狭小险要，东越人又常造反，因此下令将东越的百姓迁徙到汉朝的国土，让东越成为无人居住的荒地。

我们再来看看东部的朝鲜半岛。①

这里说来话长。商朝最后一个天子就是恶名昭彰的纣王，他有一个大臣叫箕子。纣王相当残暴，箕子好几次劝诫他，纣王都听不进去，有人劝箕子干脆远走他乡算了，眼不见为净，才不会整天烦恼。箕子却说："如果因为君主不听劝告就离他而去，等于是将君主的缺点暴露给天下的百姓，我不想这样做。"箕子继续留在商的首都朝歌，并没有离开。

---

① 这里的"朝鲜半岛"是指卫氏王朝控制的北部地区与西汉燕地相邻。

后来，周武王起兵讨伐纣王，灭掉商朝之后去拜访箕子，请教箕子如何治理天下。箕子告诉武王，要治理天下万民，必须掌握上天授予大禹的"洪范"，意思就是说要学习贤能的大禹，这样天下百姓才会幸福。武王听了之后相当高兴，于是将箕子封在朝鲜，没多久箕子就到封地去了。箕子在朝鲜建立的国家，叫箕氏朝鲜。

到了汉高祖的时候，北方有个诸侯燕王卢绾，他的大臣卫满率领军队攻进朝鲜，赶走箕子的后裔，自己当上朝鲜王，历史上称为卫氏朝鲜。

到了元封二年（公元前109年），武帝派使者到朝鲜，责备朝鲜王没有到长安朝拜天子。当时的朝鲜王是卫满的孙子右渠，右渠压根就不理会武帝派去的使节。没有完成任务的汉使很不甘心，在回汉朝的路上杀掉了送行的朝鲜裨王。

使节回去告诉武帝说："朝鲜王不听皇上的旨意，于是臣将他的副王杀了。"武帝听了使节的报告之后，当下也没有多说什么，就把那个使者封为辽东郡东部都尉，辽东郡就在汉朝跟朝鲜的边境。

朝鲜王听了这件事情之后相当生气，心想自己的宠臣被汉使无辜杀害，而那个杀人的人居然还升了官，到辽东跟自己对抗，他实在是气不过，干脆出兵辽东，杀死了到辽东上任的汉使。

汉使被杀害的事情很快传到长安，武帝知道这件事情之后，不禁露出了得意的笑容，因为他知道敌人中计了。

原来武帝早就料到派使节到边境会有事情发生，因为朝鲜王非常怨恨使节做的事情，一定会采取报复行动，这样汉朝就有借口出兵进攻朝鲜了。机会来得这么快，他哪有轻易放过的道理？于是武帝派两位将领分别从海路与陆路出兵朝鲜。

朝鲜王知道汉朝出兵的事情之后开始发愁了，也终于知道自己中了计。他知道这位汉朝皇帝一定很高明，但也想跟这个汉朝的皇帝一较高下。

没想到朝鲜靠着有利的地理环境，接二连三地取得胜利。汉军遭到极大的挫败，消息传到武帝耳里，让武帝实在想不通："不应该是这样的啊？"在漠北和河西，汉军的战果辉煌，怎么到了东方的朝鲜就不灵光了呢？武帝

也知道应该是地理环境的关系，但是他不愿意就这样承认失败，他要把损失控制到最小。于是武帝决定向朝鲜讲和，武帝决定派卫山出使朝鲜，这样至少可以维持汉朝的体面。

一到朝鲜，卫山就不停地跟朝鲜王说汉朝的军事力量多么的强，要右渠不要做困兽之斗。右渠说："我本来就打算投降，只是害怕汉将杀掉我，现在见到可以信赖的使者，我愿意投降，并打算命太子去长安。"

就这样，右渠派遣太子带着要献给武帝的五千匹马跟着汉朝的使节回长安。可是当一行人来到汉朝与朝鲜边境的时候，卫山见到朝鲜的太子和他的部下随身都带着兵器，生怕发生意外，所以要他们放下武器。朝鲜的太子以为汉军要杀他们，十分害怕，不肯渡河，就带着部下掉头走了。

卫山见自己闯了大祸，只得胆战心惊地回到长安向武帝请罪，武帝听到煮熟的鸭子居然飞了，一气之下就将卫山给斩了。

后来，武帝又派军队出兵朝鲜，这次包围了朝鲜的国都，可是连攻几个月都没办法攻下来，再加上在前线指挥作战的两个部将不合，武帝派去协调他们关系的特使又没有完成使命，结果，其中一位将军把另外一位将军抓起来，将两军合并，由自己统帅猛攻朝鲜的都城。

这时候，朝鲜朝廷也发生内讧，第二年，也就是元封三年（公元前108年），一个朝鲜大臣杀了朝鲜王右渠，同时投降了汉朝。同一年，武帝在朝鲜设置乐浪、临屯、玄菟及真番四郡，正式得到经营朝鲜的权力。

东汉史学家班固赞美武帝说："百蛮是攘，恢我疆宇，外博四荒。"意思就是说，武帝平定了边疆许多少数民族国家，拓展了中国的疆域，开拓了四面八方的荒地。

从建元二年（公元前139年）到征和三年（公元前90年），也就是从武帝十八岁到六十七岁，五十年的岁月中，武帝动用了巨大的人力、物力，把中国的版图扩展到前所未有的规模，奠定了此后两千多年中国疆域的基础。

武帝的宏伟武功，是靠一批像卫青、霍去病、张骞那样出类拔萃的人才而实现的。发现这些人才并且委以重责大任，正是武帝的识人之明和雄才大略的体现。

8. 开疆辟土的后遗症

　　武帝为了扩张版图，发动了一连串的战争，还派遣使者跟各国交流，虽然将汉朝的领土拓展到最大规模，也大大地宣传了汉朝的国威，但是他的军事和外交行动并非一帆风顺。因为，不是所有的将军都会打胜仗，与外族的交往工作也是充满艰辛，有人风光归来，也有人从此成为敌人的俘虏。

　　最典型的例子就是李陵和苏武。

　　李陵，字少卿，他是飞将军李广的孙子，出身于军人世家的他，承袭家族英勇善战的传统，不仅长得英俊挺拔，弓箭技术更是闻名天下。天汉二年（公元前 99 年），武帝交给李广利三万骑兵，命令他讨伐匈奴，李广利在出发之前，武帝还特别叫李陵率领部队跟着李广利出征。

　　可是李陵不愿意跟着李广利的军队，他心中还有其他的想法。

李陵跟武帝说："臣率领的部队都是相当骁勇善战的勇士，他们用手就可以抓老虎，射箭也很准，请皇上让他们自成一军，进攻兰干山，分散单于的兵力。"

武帝本来就喜欢英勇的壮士，但是李陵的要求让他既高兴又为难，因为除了李陵之外，武帝还计划派其他的军队出兵，手头上已经没有多余的士兵可以让李陵率领了。

武帝对李陵说："你大概是不愿意受人指挥吧！不过朕已经没有多余的骑兵可以给你了。"

李陵知道武帝的态度已经松动了，赶紧信誓旦旦地跟武帝说："臣不用骑兵，臣愿意用最少的军队发挥最好的战绩，臣只要率领五千名步兵就够了！"言下之意，李陵打算带着他平常训练出来的勇士攻打匈奴，不需要其他的军队帮忙。

武帝被李陵的精神感动了，所以就答应了他的请求。

李陵率领五千名步兵出发讨伐匈奴，没想到居然中了匈奴的埋伏，李陵虽然命令队伍向南撤退，但是一边战斗一边撤退实在是相当艰苦。李陵的部队伤亡很大，但他们还是坚持不懈地跟匈奴战斗，撑到最后，五十万支箭终究还是用完了。

李陵拼完了最后一点力气，从马上摔下来被匈奴俘虏了。

"陛下，我再也没有脸见您了！"李陵悲痛地说。

李陵兵败投降匈奴的消息传回汉朝之后，引起一阵哗然，武帝更是愤怒。一些只顾着明哲保身的大臣们为了迎合武帝，居然落井下石，异口同声地痛骂李陵大逆不道。

只有一个人例外，他就是太史公司马迁。

司马迁和李陵虽然只有一面之缘，但是他知道李陵的为人，在一片责骂声中，司马迁挺身而出为李陵辩护："李陵只率领五千名步兵，与数万的敌军对抗，部下拼死战斗，杀得敌人尸横遍野死伤惨重，即使是古代的名将也没有人能够比得上他。我想，他一定是不愿意投降匈奴的，只要李陵还活着，他一定会想办法报效朝廷。"

司马迁虽然说得很有道理，可是当初带领主力部队出征的将领李广利，是武帝宠姬李夫人的哥哥，和骁勇善战的李陵部队比起来，李广利指挥的三万汉军并没有任何战

果。对武帝来说，称赞李陵等于是在批评李广利，那自己岂不是脸上无光？武帝非常生气，下令把司马迁拖进监牢，还处以宫刑，重重地羞辱了司马迁。

这件事情对司马迁的伤害很大，不过他并没有因此就消沉丧志，反而倾注精力撰写《史记》，深刻地剖析了人性的善恶、权力、欲望及天道，终于完成这部划时代的史书。

但是武帝毕竟不是一个昏君，等到他冷静下来之后，终于理解了当初李陵军队深入敌营奋战的艰苦，武帝还主动慰问并且赏赐了生还的将士。

可是，李陵的衰运似乎还没有结束。

在投降事件发生一年之后，武帝派将军公孙敖出征匈奴，想要把李陵抢回来，公孙敖虽然进入匈奴的地盘，但是没有遇到匈奴的部队，更没有抢回李陵。回到京城之后，他为了掩饰自己无功而返的事实，居然向武帝报告说："据俘虏的匈奴士兵说，李陵在匈奴训练军队，教单于如何和汉军作战，所以臣一点收获都没有。"

这怎么得了？武帝听了之后勃然大怒，立刻下令诛杀李陵的族人，李陵的妻子、儿女连同他母亲都死在刑场上。可是，公孙敖说的都是谎话，在匈奴军中确实有汉人教他们如何和汉军作战，但是这个人不是李陵，而是和李陵完全不相干的李绪。李绪原本是汉朝的军官，兵败之后投降匈奴，受到单于的重用。

后来，李陵知道武帝因为误将李绪当作他，而将他全族杀害，相当悲愤委屈，还派遣部下刺杀李绪。李陵原本想找个机会立下战功将功赎罪，现在一家人被杀光了，他觉得自己根本就白费苦心，决定从此投降匈奴。

武帝后来也发现他误会李陵了，可是错误已经造成，武帝虽然感到后悔，却只能长声叹息，无济于事了。

至于苏武又是谁呢？

苏武，字子卿，是苏建的儿子。天汉元年（公元前100年），武帝任命苏武为中郎将，手拿代表汉朝的旌节，带着副使张胜和属官常惠出使匈奴。苏武一行人来到匈奴大营，见到单于并送上礼物。正当他们完成任务准备返回汉朝的时候，没想到匈奴发生内讧，让苏武一行人受到牵连。

单于本来要杀掉苏武，可是匈奴一位大臣劝阻单于说："让汉朝的使节们投降，罚他们当奴隶就行了。"

于是单于就派人劝苏武投降，但是苏武相当坚定地说："投降的话就太屈辱了，即使活下来也没有面目回国啊!"话一说完，就拔刀自杀，身边的人抢救好久，才将他从鬼门关拉了回来。

单于十分佩服苏武的勇气，每天早晚都派人慰问他，无论如何都想要劝服苏武，甚至用许多的金银财宝和满山遍野的牛羊引诱他，可是苏武就是不为所动。

单于为了让苏武屈服，将他关在冰冷的地窖中不给他饭吃，也不给他水喝，外面大雪纷飞天气寒冷，苏武就吞外面飘进来的雪止渴，吃旄节上的毛充饥，居然顽强地活了下来，把匈奴人都吓坏了，还以为苏武是神呢。

后来，单于把苏武流放到北海，那是匈奴势力范围的最北边，一个很偏远的地方，大约是现在西伯利亚的贝加尔湖边。单于叫苏武牧公羊，告诉他只要公羊生小羊、出羊奶，就会让他回国，这个要求很明显就是在刁难他。但是苏武在荒无人烟、气候寒冷的北海，独自一个人生活，每天拿着代表汉朝的旌节牧羊，片刻也不离开身边，旌节上面的毛都掉光了，想回国的意志还是无比坚定。

李陵跟苏武不是厄运的结束，汉朝的衰运还没完呢！

天汉四年（公元前97年），武帝派李广利出兵进攻匈奴，没想到吃了败仗。虽然李广利逃了回来，却死伤了很多士兵。征和二年（公元前91年），武帝不死心，继续派李广利出兵，这次李广利终于抵挡不住匈奴强烈的攻势，于次年（前90年）兵败投降了。

虽然战争难免有输有赢，与异族打交道本来就充满艰辛，但是李陵、李广利相继投降匈奴，苏武又被扣留，对武帝来说是个警讯，再加上京城内发生巫蛊之祸，夺去好几万名百姓的生命，让汉朝的国势开始走下坡。

对外出师不利，内部也不安定，秦朝末年的时候，也是因为使用民力过多，最后导致灭亡。想到这段历史，武帝不由得也自我警惕了起来。

武帝回想自己过去五十年来，虽然有很多很好的施政成绩，做了很多值得后人效法和称赞的好事，可是也做了很多荒唐的事情，好大喜功又迷信神仙，造成百姓许多痛苦，再不收敛的话，自己岂不是要变得跟秦始皇一样了吗？

征和四年（公元前89年），桑弘羊建议武帝说："轮台以东有五千多顷土地可以耕种，请陛下派军队到那里去屯田，然后招募百姓到那里去开荒，这样的话，那边不仅可以种植五谷，还可以帮助乌孙。"桑弘羊希望武帝能在那里扩大驻兵，修建要塞，开拓西域向前推进，这是进一步防堵匈奴的大计划。

武帝听到这个建议，却一反常态断然拒绝了桑弘羊的建议。

武帝发布了历史上相当有名的"轮台之诏"，在这个诏书中，他不仅公开自我谴责，认为自己不该发动这么多战争，造成百姓这么大的负担和痛苦，还下令从今天开始要废除所有伤害百姓的政策，也不再对外发动战争了，要专心农业生产，让百姓好好休息，过安稳的生活。

开疆辟土一直是武帝施政的重心，但是自从巫蛊之祸害死太子之后，武帝深感后悔，开始重新思考太子刘据提出的停止征伐、与民休息的政策。"轮台之诏"就是这个政策转变下的产物。武帝堂堂一个皇帝，却能向全国公开承认自己的过错，并痛改前非，这种胸襟确实相当罕见。

武帝发布了"轮台之诏"之后，他进一步任命有名的农学家赵过担任搜粟都尉。赵过将新式的农耕法推广到民间，规定农民都必须接受农业的新技术，以及学习怎样使用新式农具。

新的农业政策受到百姓欢迎，新的耕作方法比较省力，却可以获得较多的收成，农村的状况渐渐好转，老百姓脸上又有笑容了。武帝见百姓开心，他也相当高兴，一度岌岌可危的汉王朝，终于又展现活泼的朝气了。

那么让武帝大彻大悟的巫蛊之祸，究竟是什么样的事件呢？

9. 巫蛊之祸

巫蛊之祸是汉武帝末年发生的重大政治事件，也是他人生最大的遗憾。巫蛊事件发生在征和二年（公元前 91 年）。武帝晚年十分奢侈，常常大兴土木。他还喜欢任用施政严酷的官吏加重刑罚，从来不把杀人当作一回事。太子刘据经常劝他减轻老百姓的负担，实行宽厚仁慈的政策，这让武帝逐渐对刘据产生不满，认为太子对他太不尊重。

巫蛊是一种巫术，据说只要在木头人上面刻上仇人的姓名，然后再把木头人埋进土里，或者放在屋子里，日夜诅咒这个人，持续诅咒下去，对方就会遭殃。武帝末年的时候，这种巫术在长安很流行。

当时武帝已经六十六岁了，有一天突然生了一场大病。人在生病的时候难免疑神疑鬼，武帝在病榻中，总以为是有人在诅咒他早死，他身边的心腹大臣江充跟太子刘据有仇，为了陷害太子，江充跟武帝说："皇宫里有人诅咒皇上，蛊气很重，若不把那些木头人挖出来，皇上的病是好不了的。"

武帝生病太久了，很想马上痊愈，对这个说法深信不疑，就派江充调查这件事情。

江充是一个心狠手辣的人，他找了很多人到处挖木头人，还用烧红了的铁器烙人，强迫人们招供，不管是谁，只要被江充扣上"诅咒皇帝"的罪名就不能活命。没多久他就诛杀了好几万人，搞得京城内人心惶惶，每个人都怕下一个遭殃的会是自己。

江充没想到武帝居然这么轻易就相信他的话，所以更加大胆，唆使巫师对武帝说："宫中到处都是巫蛊之气，一定是有人在诅咒皇上啊！"

武帝听了大吃一惊，连忙派江充到皇宫挖木头人，他们先从后宫开始挖，一直挖到卫皇后和太子刘据住的地方，屋里屋外都挖遍了，一块木头都没找到。

但是江充怎么会善罢甘休呢？为了陷害太子刘据，江

充趁别人不注意的时候，把事先准备好的木头人拿出来，大肆宣扬说："在太子宫里挖出来的木头人最多，还发现太子在帛书上写着诅咒皇上的话，我们应该马上奏明皇上办他死罪。"

刘据知道自己被江充陷害了，立刻亲自去见武帝，希望能跟武帝解释清楚，但是江充怕刘据向武帝揭穿自己的阴谋，赶紧派人拦住刘据的马车，说什么也不肯放他走。

刘据被逼得走投无路，急忙派人通报卫皇后，想要调集军队保卫皇宫，没想到这下子却弄巧成拙，有人向武帝说太子刘据起兵造反，武帝信以为真，生气的他马上下了一道诏书要捉拿太子。

事到临头，骑虎难下的刘据只好拿出放在兵库中的武器，调集皇后的车马，找了许多士兵组织军队，向所有的文武百官宣布说："皇上在甘泉宫养病，居然有奸臣起来作乱。"

刘据派人把江充带到面前，生气地骂他说："你这个奸贼！竟然要离间陛下和我之间父子骨肉的关系！"刘据实在是气坏了，他压不住心头的怒火，亲手把江充给杀了。

武帝知道刘据杀了江充之后相当生气，立刻下令逮捕刘据。刘据为了保护自己，只好占领城内重要的据点，将监狱中的犯人组织成军队，跟武帝的军队对抗，双方在长安城混战了四五天，死伤了好几万人。

后来，刘据被打败了，带着两个儿子逃出长安，最后跑到湖县一个老朋友家里躲了起来。可是不久之后，消息泄露，兵卒前来搜捕。刘据最后无处可逃，在门上拴了一条绳子上吊死了，两个儿子和那一家的主人，也一同遇害。

至于曾经很受武帝宠爱的卫皇后，在太子被武帝打败逃出长安当天，被武帝废掉，最后也自杀而亡。

刘据自杀之后，武帝派人调查事情的真相，才知道刘据根本就没有埋过什么木头人，这一切都是江充搞的鬼。

武帝想到他居然不相信自己的妻子和儿子，却相信一个外人，在这场祸乱中，死了一个太子和两个孙子，皇后也因为这个事件自杀，让他感到既悲伤又后悔。最后，武帝下令灭了江充九族，其他参与此事的大臣也都被处死，

但是一切都太晚了。

巫蛊之祸以后，武帝拒绝了桑弘羊增兵西域的建议，决定遵照太子刘据生前的希望，减少对外战争，尽量让百姓休息，算是对死去儿子的一点弥补。

后来，武帝实在是太想念刘据，便派人在刘据自杀的地方建了一座宫殿，取名为"思子宫"，表达他对太子无限的思念，宫里还有一座高台叫作"归来望思之台"，意思就是当武帝登上高台的时候，心中期盼着他的儿子能够归来。

可是登上高台的时候，武帝也只能无奈地看着台前一望无际的景色叹息，因为再多的措施，也弥补不了他失去亲人的伤痛了。

10. 先见之明

皇太子刘据因为巫蛊之祸自杀之后，武帝虽然伤心，但是为了汉朝的未来，并没有消沉太久。因为他知道，他还没有确定合适的接班人，治理天下的这个重担不能没有继承者。

经过一番长思之后，武帝挑选了最小的儿子刘弗陵为太子。刘弗陵是钩弋夫人的孩子，据说当年武帝遇到钩弋夫人的时候，她两手握拳无法张开。武帝觉得很新奇，便牵起钩弋夫人的手，想将她的拳头掰开。说也奇怪，钩弋夫人的手居然就能张开了，武帝就将她带回宫。

据说钩弋夫人怀胎十四个月才生下弗陵。传说古代的圣人尧，也是在娘胎里面十四个月才生下来的，因此弗陵的出生让武帝很欣喜。弗陵长得十分健壮，而且聪明伶俐。武帝觉得所有的儿子里，弗陵跟自己最像，再加上弗陵跟尧一样，都是母亲怀胎十四个月才生下来的，母亲又那么与众不同，武帝便认为弗陵是最合适的太子人选。

可是，武帝又想到一件事情："弗陵年纪还这么小，母亲又这么年轻，如果将来我死了，弗陵继承了皇位，这么年轻的母亲一定会带给国家灾祸。"

"为了大汉帝国着想，也为了年轻的太子，我必须做个决定！"武帝心里默默地有了一个主意。

从那天之后，武帝常常故意找钩弋夫人麻烦，有一点小过失就会加以严厉斥责，虽然钩弋夫人一再叩头谢罪，武帝心里也很不忍，还是命令侍卫将钩弋夫人拉进大牢处死了。

武帝身边的人感到很不明白，问武帝说："您不是已经决定立她的儿子当太子了吗？为什么还要除掉太子的母亲呢？"

"这就不是你们这些愚笨的人所能理解的。"武帝这才说出他的顾虑，"自古以来，国家有乱事发生，都是因为天子年幼、母亲年轻，太后仗着儿子是皇帝，想做什么就做什么，没有人能够阻止。你们难道没有听说过吕后干政的事情吗?"

　　吕后就是汉高祖刘邦的皇后吕雉,高祖驾崩之后,惠帝即位,吕后成为皇太后。惠帝个性比较优柔寡断,实际政权掌握在吕后手中。惠帝去世之后,少帝即位,吕后更掌握政权长达八年。后来因为吕后杀了少帝的亲生母亲,少帝心中怨恨吕后,吕后知道之后又派人杀害少帝,改立常山王刘义为皇帝,掌权足足十六年之久。

　　武帝之所以处死弗陵的母亲,就是要确保汉朝以后不会再重演后宫干政的历史。

　　除此之外,深谋远虑的武帝,还为年轻的太子挑选了一个出类拔萃的大臣辅佐他,这个人就是霍光。

　　霍光是霍去病同父异母的弟弟,十几岁开始侍奉武帝,二十几年都没有出过任何差错,是个很小心谨慎的人。武帝心中决定以弗陵为太子,让霍光辅佐他,但是他并没有立刻说出来,只是请人画了一幅周公的画像赐给霍光。

　　周公是周朝的圣人,他在哥哥武王去世之后,辅佐武王年幼的儿子成王治理周朝,这幅画描绘周公背着年幼的成王在朝廷接见诸侯的场景,武帝想借这幅画向霍光表明心意，等到他去世之后，会将小皇帝跟社稷托付给他，希望霍光能以周公为楷模，忠心耿耿地辅佐年幼的皇帝。

后元二年（公元前87年），武帝巡视到扶风县的时候，突然生了一场大病，之后就一病不起。霍光知道武帝生命垂危，泪流满面地来到武帝床前，问武帝说："陛下如果有万一，应该由谁继承皇位呢？"

武帝也明白自己的生命已经像是风中的蜡烛，虽然身体因为生病而痛苦不堪，他还是态度坚定地回答霍光说："卿还不明白朕以前送你周公画像的意思吗？朕要让我最小的儿子弗陵继位，并由你来辅佐他。"

霍光听了之后不敢置信，他对着武帝直叩头说："臣不如金日磾啊！"

没想到站在一旁的金日磾也说："臣是外族人，不如霍光。"

金日磾本来是匈奴的贵族，少年时来到中国，之后就一直留在汉朝。他为人坦诚严谨，长期在武帝身边做事，和霍光一样深得武帝的信任。

后来，武帝决定拜霍光为大将军，拜金日磾为车骑将

军。大将军是军队的统帅，也掌握国家的决策大权，是文武百官中最高的职位。武帝要霍光辅佐小皇帝治理国家，让金日磾协助霍光。

武帝还命令上官桀为左将军，桑弘羊为御史大夫，让他们帮助霍光和金日磾，同心协力为汉朝奋斗。

武帝妥善安排后事之后，第二天，也就是后元二年（公元前87年），安心地离开了人间，英灵长眠在长安城西边的茂陵。茂陵是武帝的陵墓，从武帝即位的第二年便开始修建，足足修了五十三年之久，相当宏伟壮观。

第三天，虚岁八岁的皇太子弗陵继位，也就是后来的昭帝。霍光果然没有辜负武帝的托付，他出色地辅佐昭帝，实行很多很好的政策，把国家大事管理得井井有条，很受百姓的称赞。小皇帝昭帝跟大将军霍光很有默契，始终配合得很好。

汉朝在武帝的时候，因为长年用兵的关系，外表看起来强大，内部却已空虚。到了昭帝的时候，才又逐渐富强起来，百姓们可以过安定的生活，还平定了乌桓和楼兰两个地方的叛乱。接下来的宣帝政绩一样出色，因而有了

"昭宣之治"的美称。

至于李陵跟苏武最后怎样了呢？小皇帝昭帝即位之后，匈奴又想跟汉朝和亲了。这时候汉朝趁机提出放还苏武的条件，隔了十九年，苏武终于可以回国了。同时，汉朝也消除了对李陵的误解，派李陵的好友任立政到匈奴，想要把李陵找回来。

可是当任立政到匈奴的时候，李陵却穿着匈奴的装扮出现，好像是在告诉任立政，前尘往事都过去了，现在已经都没什么好说的。李陵最后还是选择在匈奴终老一生，苏武则是如愿回到朝思暮想的家乡。

因为功勋卓越，苏武后来被任命为典属国，负责少数民族事务，还获得相当多的奖赏。苏武在宣帝神爵二年（公元前60年）以八十多岁的高龄去世。后来宣帝挑选出十一名大臣，描绘他们的画像，挂在麒麟阁，典属国苏武也光荣入选。

武帝拓展了汉朝的领土和国威，巩固了中国辽阔的疆域，促进了东西文化的交流，确立了中国文化的体系，让原本就强盛的汉朝更加壮大。从武帝之后，汉代文化一直是中国历史的主流，还影响了日本、朝鲜、越南等亚洲其他国家的历史。武帝长远的眼光、宽广的胸襟、果断的行动，为中国开创了一个新的时代，他的确是一位不平凡的皇帝。

汉武帝小档案

前156年　出生，幼名彘，排行第九，母亲为王夫人。

前141年　即位。

前139年　张骞出使大月氏。

前135年　窦太皇太后去世，武帝开始进行改革。

前134年　采纳董仲舒的建议，举孝廉，召贤良、文学之士。

前129年　遣卫青、李广、公孙贺、公孙敖分击匈奴；卫青攻至龙城。开渭渠、龙首渠。

前128年　太子刘据出生，立卫子夫为皇后。

前127年　实行"推恩令"，削弱诸侯势力。

前126年　张骞从大月氏回国，带回许多关于西域的物产与资讯。

前 124 年　以公孙弘为相。卫青打败匈奴右贤王，拜大将军。隔年，霍去病因功封为冠军侯，张骞封博望侯。

前 122 年　淮南王、衡山王叛变失败，封地取消。

前 120 年　下令煮盐、冶铁由国家专卖。

前 115 年　颁布"均输法"。

前 111 年　平定南越，置九郡。

前 110 年　封禅泰山，大赦天下。推行"平准法"。

前 108 年　平定朝鲜，置四郡。

前 104 年　贰师将军李广利出征大宛。

前 100 年　苏武出使匈奴，被扣留。

前 95 年　皇子弗陵生。

前 91 年　巫蛊之祸起。江充诬陷太子谋反，遭太子杀死。卫皇后、太子自杀。

前 90 年　李广利兵败降匈奴。

前 88 年　处死钩弋夫人。

前 87 年　立刘弗陵为太子，以霍光、金日磾、上官桀等人辅佐。驾崩，年七十，葬于茂陵。